DON BOSCO
VERLAG

Renate Niesel/Wilfried Griebel

Start in den Kindergarten

Grundlagen und Hilfen zum Übergang
von der Familie in die Kindertagesstätte

Don Bosco

Geheimnisvolle Zeichen?!
Ganz einfach!

Wenn Sie in Ihrem Beruf den Eintritt
in den Kindergarten als Herausforderung
für die ganze Familie betrachten

und Sie Kinder und Eltern bei diesem Prozess
professionell unterstützen wollen, haben Sie mit diesem Buch
die richtige Wahl getroffen.

Die Deutsche Bibliothek – CIP-Einheitsaufnahme

Ein Titeldatensatz für diese Publikation
ist bei der Deutschen Bibliothek erhältlich.

1. Auflage 2000 / ISBN 3-7698-1206-9
© 2000 Don Bosco Verlag, München
Umschlag: Michael Brandel
Fotos: Jochen Fiebig, IFP München
Gesamtherstellung: Don Bosco Grafischer Betrieb, Ensdorf

Gedruckt auf umweltfreundlichem Papier.

Inhalt

Inhalt

Einführung
Der Übergang von der Familie in den Kindergarten – Wissenschaft und Praxis im Dialog

Grundlage für dieses Buch ist eine wissenschaftliche Untersuchung zum Eintritt von Kindern in den Kindergarten, die 1995 am Staatsinstitut für Frühpädagogik in München durchgeführt wurde. Bei diesem Projekt wurde der Übergang des Kindes von der Familie in den Kindergarten aus drei Perspektiven untersucht: aus der Sicht von Erzieherinnen, aus dem Blickwinkel von Eltern und aus dem der Kinder. 300 umfangreiche Fragebögen wurden an Gruppenleiterinnen in repräsentativ ausgewählten bayerischen Kindergärten verschickt. 132 kamen ausgefüllt zurück und konnten ausgewertet werden. Der Rücklauf von 44 % entspricht den Erfahrungen mit Fragebogenuntersuchungen in Kindergärten. Die Erzieherinnen machten Angaben zu folgenden Themen:

- Aufnahmeverfahren in ihrer Einrichtung
- Erhebung von Informationen über das Kind und seine Familie
- Informationen über die Einrichtung, die der Kindergarten an Eltern weitergibt
- Faktoren, die die Eingewöhnung der Kinder beeinflussen
- Kriterien für den abgeschlossenen Übergang von Kindern zum »Kindergartenkind«,
- Kriterien für den abgeschlossenen Übergang von Eltern zu »Kindergarteneltern«.

Außerdem wurde in der Befragung anonym nach der Eingewöhnung jeweils eines Kindes aus der Gruppe gefragt, das das erste Kind einer Familie und das Erste im Alphabet sein sollte. Für 123 Kinder wurden diese zusätzlichen Fragen beantwortet.

20 Eltern, deren ältestes Kind in den Kindergarten eintrat, wurden zum Kindergarteneintritt und sechs Monate danach interviewt. Gefragt wurde nach ihren Erwartungen an den Kindergarten und an die Eingewöhnung ihres Kindes dort, nach ihren Erfahrungen mit dem Aufnahmeverfahren und den eigenen Erfahrungen mit dem Kindergarteneintritt ihres Kindes. In der zweiten Befragung ging es um die Reaktionen des Kindes beim Bringen und Holen sowie um die Beziehungen des Kindes zu anderen Kindern und zur Erzieherin.

Schließlich wurden über das Kindergartenjahr hinweg fortlaufend themenzentrierte Gespräche mit 20 »neuen« Kindergartenkindern geführt und das Wechseln zwischen zu Hause und dem Kindergarten, der Verlauf der Eingewöhnung und die erlebten Beziehungen in der Gruppe erörtert. Aus diesen Gesprächen stammen die in den verschiedenen Kapiteln zitierten Kinderaussagen.

Die Untersuchung basiert auf dem Übergangskonzept (Transitionsansatz), das wir im Buch ausführlich erläutern werden. Damit Leserinnen und Leser den Stellenwert dieses Konzeptes beurteilen können, haben wir verschiedene entwicklungspsychologische Theorien, die im Zusammenhang mit der Eingewöhnung von Kindern in die Kindertagesstätte von Bedeutung sind, kurz dargestellt. Damit soll auch klar werden, dass unser Wissen über ein bestimmtes Phänomen immer nur begrenzt sein kann. Neuere Erkenntnisse können unsere bis dahin gehegten Annahmen widerlegen. In der Regel führen neue Einsichten dazu, dass Theorien und Modelle differenzierter werden. Dafür müssen wir offen bleiben. Für die Arbeit in der Praxis ist es wichtig zu überprüfen, auf welchen Annahmen pädagogisches Handeln beruht, ob diese noch stimmen oder ob neue theoretische Ansätze neue Impulse bieten, die sich in eine effektivere Arbeit umsetzen lassen.

Der unserer Untersuchung zugrunde gelegte Transitionsansatz hat sich als geeignet erwiesen, die Anforderungen beim Eintritt in den Kindergarten zu beschreiben, Reaktionsweisen der Betroffenen zu verstehen und pädagogisches Handeln abzuleiten. Wenn Erzieherinnen für die Bewältigungsleistungen der Kinder sensibilisiert sind, können sie erkennen, wann ein Kind gezielte Unterstützung benötigt. Erfahren aber die Kinder bei Überforderung Unterstützung, ist das zugleich die Grundlage für die Entwicklung einer Vertrauen gebenden Beziehung zur Erzieherin.

Wie in wissenschaftlichen Arbeiten üblich arbeiten wir mit Literaturhinweisen auf Quellen, aus denen wir Gedanken und Untersuchungsergebnisse übernommen haben. Damit soll die Vergleichbarkeit der Darstellung mit anderen Veröffentlichungen erleichtert werden. Für das Verständnis des Buches sind diese Hinweise aber keine Voraussetzung.

Die praktischen Anregungen für die Kindergartenpraxis kommen sowohl aus einer konsequenten Ableitung aus unserer Forschung als auch aus der Diskussion mit Fachkräften sowie aus der Literatur. Leserinnen und Leser werden also Vertrautes und Neues finden und aus dieser Palette die Anregungen auswählen können, die für die jeweilige Einrichtung passend sind. Denn nicht alle brauchen alles.

Allen Erzieherinnen, die unseren Fragebogen ausgefüllt, uns Rückmeldungen gegeben haben und mit uns die Ergebnisse diskutiert haben, möchten wir herzlich danken. Ebenso möchten wir den Eltern und Kindern danken, die uns ihre Zeit und ihre Aufmerksamkeit geschenkt haben und bereit waren, unsere vielen Fragen zu beantworten. Wir bedanken uns auch sehr bei den Kindern, Eltern und Erzieherinnen der städtischen Kindertagesstätte in der Herrnstraße, München, für die Erlaubnis, Fotos anzufertigen, die dieses Buch bereichern. Für uns ist der Dialog zwischen Wissenschaft und Praxis unverzichtbarer Bestandteil unserer Arbeit. Jetzt hoffen wir, dass Erzieherinnen und Erzieher, Eltern und Kinder gleichermaßen davon profitieren.

Renate Niesel, Wilfried Griebel

Kapitel 1
Kindergarteneintritt entwicklungspsychologisch betrachtet

Wir wollen den Eintritt des Kindes in den Kindergarten aus der Sicht einiger Entwicklungstheorien beleuchten, die in diesem Zusammenhang Bedeutung gewonnen haben. Die vorgestellten Theorien sind Erzieherinnen und interessierten Laien sicher in der einen oder anderen Form schon begegnet. Theorien sollen helfen, komplexe Wirklichkeit zu erklären. Dazu wird die komplexe Wirklichkeit vereinfacht auf wichtige Grundaussagen dargestellt. Die entscheidende Frage ist, wie gut sich die Wirklichkeit mit den verschiedenen Theorien erklären lässt. Durch empirische Untersuchungen werden Theorien überprüfbar. Sie können angesichts veränderter Wirklichkeiten oder verbesserter Untersuchungsmethoden an Erklärungswert verlieren, dann erfolgt eine erneute Theoriebildung. Die Theorien werden mit der Zeit immer komplexer. Es gibt nicht *die eine gültige* Theorie!

⌂ **Hinweis für die Kindergartenpraxis**
Aus Theorien leiten sich praktische Folgen ab. Jeder kann bei sich selbst beobachten,
dass man nach »impliziten« Theorien handelt, also nach Grundsätzen, die einem nicht vollständig klar oder bewusst sind. Auch im pädagogischen Alltag ist es hilfreich, die eigenen Annahmen und Einstellungen, auf denen das eigene Handeln beruht, zu durchdenken und zu überprüfen. Dabei wird man feststellen: Nichts ist praktischer als eine *gute* Theorie!

Im Folgenden werden verschiedene entwicklungspsychologische Theorien vorgestellt, die das Verhalten von Kindern beim Übergang von der Famiilie in den Kindergarten erklären und dem pädagogischen Handeln der Erzieherin zugrunde gelegt werden können.

Verschiedene Temperamente der Kinder

Bereits ab der Geburt lassen sich bei Kindern über viele Situationen hinweg sogenannte Temperamentsunterschiede beobachten, die sich in unterschiedlichen Verhaltensweisen äußern. Drei Typen werden unterschieden:[1]

- **Das »einfache« Kind** zeichnet sich im Allgemeinen durch eine ausgeglichene Stimmung ohne deutlich abgegrenzte Stimmungsschwankungen aus. Es gewöhnt sich als Säugling relativ schnell an einen Rhythmus von Wach- und Schlafzeiten sowie bei den Mahlzeiten. Bei Abweichungen von einem festen Rhythmus kann es sich wiederum relativ leicht anpassen. Wenn es enttäuscht wird, reagiert es eher gelassen. Fremden Personen und allgemein Neuem gegenüber ist es aufgeschlossen. Etwa die Hälfte der Kinder können dieser Gruppe zugeordnet werden.
- **Das »langsam auftauende« Kind** ist in neuen Situationen zurückhaltend. Erst nach längerer Zeit gelingt eine Umstellung und Eingewöhnung. Auf Enttäuschungen reagiert es nicht heftig, sondern auf stillere Art. Diese Kinder werden häufig als »schüchtern« bezeichnet. Etwa ein bis zwei Zehntel der Kinder können dieser Gruppe zugeordnet werden.
- **Das »schwierige« Kind** neigt zu schlechter Stimmung. Auf neue Situationen reagiert es mit Rückzug unter Protest. Es kann sich schlecht an Veränderungen anpassen. Kennzeichnend sind heftige Gefühlsreaktionen, es schreit oft und laut. Es

ist sehr aktiv, lebhaft und leicht ablenkbar. Wenn diese Merkmale besonders ausgeprägt sind, gelten diese Kinder auch als hyperaktiv. Ebenfalls ein bis zwei Zehntel der Kinder fallen in diese Gruppe.

Bei einem Drittel aller Kinder lässt sich keine Zuordnung zu einer der beschriebenen Gruppen treffen. Weder bei dem langsam auftauenden Kind, das häufig als »schüchtern« bezeichnet wird, noch bei dem schwierigen Kind muss bei den beschriebenen Temperamentstypen an problematisches

Kinder sind mit verschiedenen Temperamenten ausgestattet, die die Eingewöhnung erleichtern oder erschweren.

---

[1] vgl. Wolfram, 1997

Verhalten gedacht werden. Es handelt sich um normale Unterschiede zwischen individuellen Menschen. Bei Problemen in der Beziehung zwischen dem einzelnen Kind und seinen Bezugspersonen ist weder beim schwierigen oder langsam auftauenden Kind noch bei »inkonsequenten« oder »rücksichtslosen« Eltern die Schuld zu suchen. Vielmehr wird die Passung zwischen den Eigenschaften des Kindes und denen der Bezugspersonen betrachtet. Diese kann übrigens bei mehreren Kindern in der Familie sehr unterschiedlich sein.

⌂ **Hinweis für die Kindergartenpraxis**
Für Eltern wie für Erzieherinnen gilt es, diese Temperamentsunterschiede zu akzeptieren. Es kann also nicht darum gehen, im pädagogischen Umgang mit dem langsam auftauenden oder mit dem schwierigen Kind seinem Temperament entgegenzuwirken und sein Verhalten ändern zu wollen. Wirkungsvoller ist es, ihm jeweils die Unterstützung zu geben, die es bei gegebenen Anforderungen braucht. Dem langsam auftauenden Kind ist ein behutsamerer Umgang mit Anforderungen nützlich. Ihm muss für Umstellung und Anpassung mehr Zeit eingeräumt werden. Beim schwierigen Kind kann mehr Führung mit freundlicher Konsequenz und mehr Geduld beim Ertragen seiner Gefühlsausbrüche und seiner Missgestimmtheit angebracht sein.

Nicht alles, was das Kind als Reaktion auf den Eintritt in den Kindergarten zeigt, ist auf Erziehungseinflüsse oder auf das Eingewöhnungsverfahren zurückzuführen. Das individuelle Wesen des Kindes muss berücksichtigt werden. Dabei kann eine Orientierung an Temperamentstypen, die normale Verhaltensunterschiede abbilden, hilfreich sein.

Die Entwicklungsstufen nach Erickson

Die Entwicklungsstufen nach dem Entwicklungspsychologen Erickson haben ebenfalls dazu gedient, eine theoretisch begründete Beschreibung der Bedeutung des Kindergarteneintrittes zu liefern. [2]
Aufgrund liebevoller und stabiler Fürsorge der Eltern für das Kind in den ersten Lebensmonaten und -jahren entwickelt es Urvertrauen. Traumatische Störungen dieser Entwicklungsphase sollen zu einem mangelnden Urvertrauen mit langfristig negativen Folgen für die seelische Gesundheit der Person, vor allem depressive Verstimmungen, führen. Nach der Ausbildung des Urvertrauens betreffen spätere Entwicklungsschritte die »Individuation« (Selbstwerdung) und Loslösung von der Mutter bzw. von den El-

---

[2] vgl. zusammenfassend: Berger, 1997, S. 47ff, und Peukert, 1981

tern. Der Kindergarteneintritt wird in dieser Perspektive von Peukert als eine Phase gedeutet, in der Kinder in der Beziehung zu ihren Eltern eine gewisse Distanz herstellen wollen, um auf einem neuen Niveau wieder Beziehungen zu den Eltern aufnehmen zu können. Die »Loslösung« erhält für die Kindergartenneulinge aus dieser Sicht eine zentrale Bedeutung.

Ein Problem liegt jedoch darin, dass der Kindergarteneintritt in unterschiedlichem Alter erfolgt. In unserer bayernweit repräsentativen Befragung im Jahre 1995 war ungefähr ein Fünftel der neu aufgenommenen Kinder drei Jahre alt. In Folge des Rechtsanspruchs auf einen Kindergartenplatz wird der Anteil der Dreijährigen steigen. In immer mehr Kindergärten werden auch unter Dreijährige aufgenommen. Zudem haben viele Kinder Vorerfahrungen mit außerfamilialer[3] Betreuung bzw. mit Förderangeboten in kleinen Gruppen bereits vor dem Kindergarteneintritt. Auch dies beeinflusst den Individuationsprozess in der Beziehung zu den Eltern. Daher halten wir die Gleichsetzung des Kindergarteneintritts mit der »Loslösung von der Mutter« für zu eingeengt.

Wir stellten in der Befragung von Erzieherinnen allerdings fest, dass die Vorstellung, die »Loslösung von der Mutter« sei ein zentrales Kriterium dafür, dass das Kind ein »Kindergartenkind« geworden sei, in der Praxis eine große Bedeutung hat. Erzieherinnen nannten z. B. »kann sich von der Mutter lösen«, »es macht keine großen Probleme bei der Trennung von der Mutter«, »Abnabelung von den Eltern«, »Loslösung von den Eltern erfolgte«. In diesen Formulierungen werden teilweise unklare, wenn

In der Loslösung von der Mutter sehen Erzieherinnen ein zentrales Kriterium für die Eingewöhnung in den Kindergarten.

---

[3] Wir verwenden den Begriff »familial« als Bezug auf die Familie und nicht »familiär«, weil »familiär« unspezifischer ist und auch »wie eine Familie« oder »zwanglos« und »vertraut« meint.

nicht sogar problematische Etikettierungen kindlichen und mütterlichen Verhaltens offenkundig. Diese können aber auf die von Erickson behauptete Notwendigkeit der Ablösung von der Mutter, die hier vereinfachend auf den Kindergarteneintritt bezogen wird, zurückgehen.

⌂ Hinweis für die Kindergartenpraxis

Der Kindergarteneintritt ist nicht gleichbedeutend mit der »Loslösung« von der Mutter. Die Anforderungen sind komplexer. Daher halten wir auch eine komplexere Theorie für angemessener, wie wir im Folgenden zeigen werden.

Anforderungen – Überforderung – Herausforderung: Der Stressansatz

Die Stresstheorie spielt in der Entwicklungspsychologie und in der Psychologie der seelischen Gesundheit eine große Rolle. Kurz zusammengefasst lässt sich der Inhalt so umreißen:
Bei der Bewältigung von Veränderungen ist es von entscheidender Bedeutung,

- ob diese Veränderungen größeren Ausmaßes und
- ob sie von längerer Dauer sind. Ausserdem hat es einen Einfluss,
- ob die Veränderungen vom Betroffenen erwünscht sind und

- ob er sie kontrollieren kann. Schließlich ist ausschlaggebend,
- über welche Ressourcen der Betroffene verfügt. Ressourcen könnte man als Kraftquellen bezeichnen, die in der Person selber liegen, und/oder die sie über Unterstützung von außen erfährt.

Sind die ersten beiden Bedingungen gegeben, die nächsten beiden aber nicht, ist die Bewältigung der Veränderungen erschwert. Wenn zur Bewältigung der Anforderungen die Ressourcen nicht ausreichen, werden die Anforderungen zur Überforderung: Das ist Stress. Die Bewältigung von familialen Veränderungen mit dem Stressansatz beschreibt ausführlich Wicki.[4]

Der Stressansatz wurde einer Untersuchung von Haefele & Wolf-Filsinger[5] zum Kindergarteneintritt zugrunde gelegt. Mit ihm lassen sich kindliche Reaktionen und Bedingungen für ihr Auftreten in einen Zusammenhang bringen.

Wenn man diese Theorie auf den Eintritt eines Kindes in den Kindergarten anwendet, würde man folgerichtig danach streben, Veränderungen für das Kind möglichst gering zu halten. Das kann man als die Suche nach Kontinuität in den kindlichen Lebensbedingungen bezeichnen. Diskontinuität dagegen

---

[4] Wicki, 1997
[5] Haefele & Wolf-Filsinger, 1986, 1994

muss vermieden werden. Man würde also sehr allmählich das Kind an den Kindergarten heranführen. Man würde die Situation im Kindergarten für das Kind »familienähnlich« zu gestalten versuchen mit kleinen, überschaubaren Gruppen oder Untergruppen. Die Behandlung des Kindes durch die Erzieherin würde man derjenigen durch die Mutter oder die Eltern möglichst ähnlich gestalten. Dieses Vorgehen wäre ein Weg, das Kind nicht zu überfordern. Ein zweiter Weg bestünde darin, ihm möglichst viel Unterstützung zu gewähren. Man würde das Kind in der ungewohnten Situation nicht alleine lassen, sondern vertraute Personen verfügbar halten. Man würde ihm Kontrolle über die Veränderungen einräumen: Ihm viele Informationen über das Kommende vermitteln, so dass es sich einstellen kann. Und man würde es an der Entscheidung beteiligen, ob es jetzt in den Kindergarten will oder (noch) nicht. Das alles wären konsequente Maßnahmen im Sinne des Stressansatzes.

In neueren Formulierungen der Stresstheorie wird mehr Beachtung darauf gelegt, wie die Anforderungen vom Betroffenen subjektiv bewertet werden. Danach ist auch wichtig, ob anstehende Veränderungen mit Vorfreude, Neugier, Lernfreude wahrgenommen werden. Man kann sich leicht vorstellen, dass es einen Unterschied macht, ob ein Kind sich

positiv auf den Besuch des Kindergartens einstellt oder ob es sich davor fürchtet.

⌂ **Hinweis für die Kindergartenpraxis**
Mit einer positiven Einstellung gegenüber dem Neuen werden mögliche Belastungen leichter bewältigt. Gerade deswegen geben sich die Eltern und die Erzieherinnen Mühe, das Kind neugierig zu machen und ihm po-

Mit einer positiven Einstellung lassen sich Anforderungen leichter bewältigen.

sitive Erwartungen zu vermitteln. Statt Kontinuität herzustellen im Sinne des Einebnens von Unterschieden zwischen Familie und Kindergarten – was ohnehin nicht möglich ist – müssen die Unterschiede zwischen den beiden Umgebungen klar gemacht werden. Aus diesen Unterschieden ergeben sich die Anforderungen, die das Kind bewältigen muss. Pädagogisches Handlungsziel ist es dann im nächsten Schritt, diese Anforderungen als Herausforderungen mit Anreizcharakter zu gestalten und Überforderung des Kindes zu vermeiden.

Bindungsqualität

Das Kind entwickelt Bindung an die Menschen, die es pflegen, versorgen und sich mit ihm beschäftigen. Die Erkenntnisse hierzu sind von Bowlby[6] als *Bindungstheorie* formuliert worden. Die Bindungstheorie ist eine der am besten untersuchten Theorien im Zusammenhang mit der kindlichen Entwicklung. Die Bindungsforschung ist als wegweisend für Aufgaben der Erziehungsberatung und Vorbeugung von Fehlentwicklungen genutzt worden[7]

Je nachdem, wie einfühlsam Eltern auf die Signale des Säuglings reagieren und seine Bedürfnisse erfüllen, entwickeln sich unterschiedliche Bindungsqualitäten. Wenn ein Säugling beunruhigt ist und weint, ist die Zuwendung einer verfügbaren Bezugsperson und das Verständnis dafür, was ihm fehlt, wichtig dafür, dass er sich wieder beruhigt. Bindungsqualität entsteht aus dem Verhalten beider Beziehungspartner. Sie wird als Vertrauen gebender Aspekt der Beziehung bezeichnet.

Die Qualität der Bindung lässt sich bestimmen durch die Art, in der ein Kind seine Bezugspersonen als Quelle der Erlangung von Sicherheit nutzen kann, wenn es sich in einem Zustand der Verunsicherung befindet und seine eigenen Ressourcen erschöpft sind. Unschwer ist zu erkennen, dass die Bindungstheorie teilweise auf die Stresstheorie zurückgeht.

Bestimmung durch Beobachtung

Zur gezielten Beobachtung von Bindungsqualität wurde ein Verfahren entwickelt, die sogenannte »Fremde Situation«[8]. Etwas verallgemeinert dargestellt setzt sich das Beobachtungsverfahren zusammen

---

[6] Bowlby, 1974, 1976, 1983

[7] Suess, 1996; Suess & Pfeifer, 1999; Zimmermann u.a., 1999

[8] Ainsworth u.a., 1978

- aus der Situation, die für das Kind Verunsicherung beinhaltet,
- Reaktionen des Kindes in der Verunsicherung,
- daraufhin gezeigte Reaktionen der Bezugsperson und schließlich
- Reaktionen des Kindes, die anzeigen, ob es seine Sicherheit wiedererlangt hat.

Erst die genau definierte Beobachtungssituation lässt Verhaltensweisen des Kindes, die sich an die Bezugsperson richten, als Bindungsverhaltensweisen bestimmen. In anderen Zusammenhängen, z.B. im stressfreien Spiel, haben dieselben Verhaltensweisen wie Rufen, Sich-Zuwenden, Hinterherlaufen andere Funktionen. Die Intensität der Verhaltensweisen sagt nichts über die Qualität der Bindung aus, da sie von äußeren und inneren Faktoren abhängen kann wie Müdigkeit oder Krankheit. Alter und Entwicklungsstand des Kindes bestimmen ebenfalls sein aktuell gezeigtes Verhalten. Gefragt wird nicht nach Stärke, sondern nach der *Qualität der Bindung*.

Unterschieden werden folgende Bindungsqualitäten:

- **Sichere Bindung:**
  Das Kind wendet sich bei Verunsicherung direkt an seine Bezugsperson und erfährt von dieser in einfühlsamer Weise Zuwendung und wirksamen Trost.
- **Unsicher-vermeidende Bindung:**
  Das Kind wendet sich bei Verunsicherung nicht direkt an die jeweiligen Bezugsperson, um Zuwendung und Trost zu erhalten. Die Bezugsperson zeigt Zurückweisung und Ablehnung gegenüber dem Kind.
- **Unsicher-ambivalente Bindung:**
  Das Kind wendet sich bei Verunsicherung zwar direkt an die jeweilige Bezugsperson, das Vertrauen in deren Verlässlichkeit ist jedoch gering. Die Bezugsperson zeigt wenig einfühlsames Verhalten und das Kind erfährt wenig Beruhigung.

Diese drei Hauptkategorien von Bindungsqualität werden in der Forschung weiter differenziert. In jedem Falle ist ein intensives Beobachtungstraining notwendig, um Bindungsqualitäten sicher diagnostizieren zu können.

Auswirkungen von Bindungsqualitäten

Kinder, deren Mütter bzw. Väter einfühlsam auf ihre Signale eingehen und ihre Bedürfnisse erfüllen, stellen für die Kinder eine sichere Basis dar, von der aus sie sich ihrer Umwelt zuwenden. Sie entwickeln Bindungssicherheit. Bindungssicherheit hängt zusammen mit einem höheren Maß direkter Kommunikation von Gefühlen, mit der Fähigkeit, sich von Belastung schneller zu erholen. Das heißt, Bindungssicherheit hat einen Einfluss darauf, wie mit starken Gefühlen umgegangen werden kann (Affektregulierung).[9]

Als sicher kann gelten, dass die Qualität der Bindung an die primären Bezugspersonen Auswirkungen darauf hat, wie das Kind Beziehungen mit neuen Personen in seinem Lebensumfeld gestaltet. Kinder, die im zweiten Lebensjahr in ihrer Beziehung zur Mutter als sicher gebunden klassifiziert wurden, wurden später im Kindergarten als sozial kompetenter und mit höherem Selbstwertgefühl eingeschätzt. Sie waren bei den anderen Kindern beliebter, waren ihnen gegenüber einfühlsamer. Gegenüber den Erzieherinnen waren sie weniger abhängig und kamen gleichzeitig Aufforderungen bereitwilliger nach. Insgesamt zeigten sie mehr positive als negative Gefühle. Sicher gebundene Kinder gelangen im Vorschulalter eher als unsicher gebundene Kinder zu Autonomie und zur eigenständigen Regulierung starker Gefühle.[10] Im Alter von fünf Jahren zeigten sie im Kindergarten positivere Spielmuster und kompetentere Konfliktbewältigungsstrategien sowie insgesamt seltener problematisches Verhalten als andere Kinder. Dennoch darf nicht angenommen werden, dass diese frühen Einflüsse und Entwicklungen alleine die weitere Entwicklung bestimmen. Spätere Einflüsse und namentlich die tatsächlichen Erfahrungen mit Beziehungen, die das Kind im Kindergarten macht, dürften seine Bewältigung des Kindergarteneintritts beeinflussen. Wichtig: Kinder entwickeln Bindungen individuell an Mütter und Väter. Die Qualität dieser Bindungen kann unterschiedlich sein.

⌂ **Hinweis für die Kindergartenpraxis**

Die Bindungstheorie ist für die Eingewöhnung in Krippen direkt herangezogen und umgesetzt worden.[11] Ausgehend von der Entwicklung einer sicheren Bindung an die Bezugspersonen in der Familie wird eine allmähliche Eingewöhnung unter aktiver und länger dauernder Mitwirkung der Mutter in der Einrichtung und Entwicklung einer Vertrauen gebenden Bindungsbeziehung des (kleinen) Kindes an die Erzieherin angestrebt. Dieser Ansatz ist insbesondere interessant, wenn im Kindergarten Kinder aufgenommen werden sollen, die deutlich jünger als drei Jahre alt sind.

Der pädagogische Umgang im Hinblick auf unterschiedliche Bindungsqualitäten, die Kinder mit ihren primären Bindungspersonen ausgebildet haben, muss wohl überlegt werden. Die zutreffende Einschätzung einer Bindungsqualität ist schwierig vorzunehmen, bedarf im Allgemeinen einer entspre-

---

[9] Hédervári, 1995
[10] Suess, 1987

[11] Laewen, 1994; Laewen u.a., 1990; Söntgerath, 1993

chenden Schulung und einer genauen Anordnung von Beobachtungen. Vor allem gilt es, Bewertungen zu vermeiden und etwa Eltern, an die die Kinder sichere Bindungen entwickelt haben, als »bessere« Eltern anzusehen, Eltern mit unsicher gebundenen Kindern dagegen als »schlechtere« Eltern. Der Anteil sicher gebundener Kinder in der Bevölkerung ist schlecht zu schätzen, verschiedene Untersuchungen kommen zu unterschiedlichen Aussagen.[12] Nicht nur sicher gebundene Kinder, die sich schneller und selbstverständlicher in neuen Beziehungen öffnen, werden sich in überschaubarer Zeit eingewöhnen. Auch unsicher gebundene Kinder, die erst nach längerer Zeit »warm« werden, lernen über einfühlsames, zuverlässiges Verhalten der Erzieherin sich auszudrücken und ihre eigenen Wünsche und Bedürfnisse einzubringen (siehe auch *Starke Gefühle bewältigen*, Seite 46 ff).

Kindergartenreife, Kindergartenfähigkeit, Kindergartenbereitschaft

Wann ist ein Kind reif für den Kindergarten? Mit dem Begriff »Kindergartenreife« war früher die Vorstellung verbunden, dass die körperliche und geistige Entwicklung des Kindes nach einem biologischen Plan mit

der Zeit reift. Wenn man berücksichtigt, dass Eigenschaften wie Körperbeherrschung (Sauberkeit) sich in Wechselwirkung mit Einflüssen der sozialen Umgebung (Sauberkeitserziehung) entwickeln, ist der Begriff »Kindergartenfähigkeit« angemessener. Zumindest lässt sich dann direkter erfragen, welche Fähigkeiten für den Kindergartenbesuch vorausgesetzt werden sollen. Die Frage, ob das Kind »reif« für den Kindergarten ist, kann man aber auch dahingehend verstehen, ob es selbst in den Kindergarten will und ob es Anregungen von der Gruppe anderer Kinder und der pädagogisch gestalteten Umgebung des Kindergartens sucht.[13] Welche Fähigkeiten es bereits mitbringt, könnte von der Einrichtung her demgegenüber weniger wichtig gefunden werden. Demnach ist es passender, hier von Kindergartenbereitschaft zu sprechen.[14]

Was erwarten nun Erzieherinnen von den Kindergartenneulingen? An wünschenswerten Eigenschaften nannten in einer Befragung von Berger[15] alle Erzieherinnen das vollendete dritte Lebensjahr und eine abgeschlossene Sauberkeitserziehung. Mehr als vier Fünftel sahen ein sprachliches Ausdrucksvermögen, mit dem das Kind der Er-

---

[12] Fthenakis, 1988

[13] Gürtler, 1994
[14] Becker-Textor, 1993
[15] Berger, 1997, S. 51ff

zieherin und den Kindern seine Bedürfnisse mitteilen kann, und die Fähigkeit, Kontakt zur Erzieherin und Gruppe aufnehmen zu können, als Voraussetzung. Drei Viertel nannten das »Sich-Lösen-Können« von der Mutter und noch mehr als die Hälfte forderten Selbstständigkeit beim Gang zur Toilette und beim An- und Ausziehen sowie »kultivierte« Essgewohnheiten. Drei Viertel der befragten Erzieherinnen zogen ein Aufnahmealter von vier Jahren vor, weil das Kind sich dann leichter von der Mutter lösen könne, über mehr Gruppenfähigkeit verfüge, in der Entwicklung wesentlich vorangeschrittener sei. Insgesamt sei dann der Eintritt in den Kindergarten problemloser für das Kind zu bewältigen.

Berger weist jedoch zu Recht darauf hin, dass das Aufnahmealter von drei Jahren in den Kindergartengesetzen nicht an weitere Kriterien für eine Kindergartenreife geknüpft sei, wie dies etwa bei der »Schulreife« der Fall ist. Die von den Erzieherinnen gewünschten kindlichen Eigenschaften, die zusammen Kindergartenreife ausmachen sollen, sind solche Fertigkeiten, die sie erst im Laufe des Kindergartenbesuchs lernen sollen. Sie sind also eher das Ergebnis eines Lernprozesses und nicht die Voraussetzung dazu. Dies gilt auch für Verhalten, das beim Kindergarteneintritt als unerwünscht oder für problematisch gehalten wird: Weinen, Anklammern oder Stören der anderen Kinder beim Spiel. Wenn hier pauschal mit der Begründung »fehlende Kindergartenreife« nahe gelegt wird, ein Kind wieder aus dem Kindergarten herauszunehmen, löst das bei den Eltern und natürlich auch beim Kind selbst Betroffenheit und Verunsicherung aus.

Viele Erzieherinnen sind nach wie vor der Überzeugung, dass dreijährige Kinder noch zu jung für den Kindergarten seien. In unserer eigenen Untersuchung sah ein Drittel der Erzieherinnen in der Aufnahme Dreijähriger eine Erschwernis für die eigene Arbeit, unabhängig davon, über wieviele Berufsjahre die Erzieherin verfügte. Wir ließen Probleme im Zusammenhang mit der Eingewöhnung beschreiben, die Kinder ein halbes Jahr nach dem Eintritt in den Kindergarten hatten. Dabei zeigte sich jedoch nicht, dass Dreijährige vermehrte Probleme gehabt hätten. Ebenso wenig zeigen Forschungsergebnisse aus anderen Studien, dass Kinder, die beim Eintritt in den Kindergarten bereits etwas älter waren, sich schneller eingewöhnt hätten.

⌂ Hinweis für die Kindergartenpraxis
Aus unserer Sicht ist die Frage, welche Voraussetzungen Kinder in den Kindergarten mitbringen sollen, und die Unterscheidung davon, was sie erst im Kindergarten lernen können, wichtig für die Reflexion unter den Erzieherinnen eines Teams. Die Frage ge-

Kindergarteneintritt entwicklungspsychologisch betrachtet

Eltern müssen ihre Kinder beim
Eintritt in den Kindergarten
unterstützen und selbst den
Übergang bewältigen.

winnt an Bedeutung, wenn besprochen wird, ob eines oder mehrere Kinder auch unterhalb von drei Jahren aufgenommen werden sollen. Vor allem, um Gruppen erhalten zu können, teilweise aber auch aus konzeptionellen Überlegungen heraus gehen Kindergärten dazu über, jüngere Kinder aufzunehmen oder solche, die bereits in die Schule gehen und nachmittags einen Betreuungsplatz brauchen. Übrigens: In Gruppen mit dieser breiten Altersmischung sind insgesamt gute Erfahrungen gemacht worden.[16]

Die bessere Frage lautet daher: Ist der Kindergarten reif für die Kinder, die kommen?[17]

Entwickelt sich auch bei Eltern Reife oder Fähigkeit, Kindergarteneltern zu werden? Zunächst einmal ist ihre eigene Fähigkeit, die Kinder bei der Bewältigung des Kindergartens zu unterstützen, gefragt. Dabei spielen ihre eigenen Befürchtungen und Hoffnungen eine Rolle. Aber auch das, was die Eltern über den Kindergarten heute wissen, beeinflusst, wie sie ihr Kind heranführen. Der Kindergarten kann seinerseits die Eltern mit gezielten Angeboten vorbereiten.

---

[16] Erath, 1994; Krauß & Zauter, 1997; zusammenfassend Griebel & Niesel, 1999a; Großmann, Griebel & Minsel, 1998

---

[17] Berger, 1984a, 1997, S. 54

Kapitel 2
Kindergarteneintritt als Übergang im Leben des Kindes und der Eltern

Was sind Übergänge (Transitionen)?

Transition ist ein Begriff aus der Familienentwicklungspsychologie. In der internationalen Familienforschung hat das Übergangskonzept an Bedeutung gewonnen. Die von uns durchgeführte empirische Untersuchung ist die erste zum Start in den Kindergarten, die ausdrücklich den Transitionsansatz zugrunde legt. Der Übergangs- oder Transitionsansatz beschreibt markante Veränderungen, die den Einzelnen oder seine Familie betreffen.[18] Der Ansatz lässt sich damit der in den vergangenen Jahren in der Familienpsychologie verstärkt entwickelten »Psychologie des Wandels« zuordnen.

Übergänge stehen in Verbindung mit Lebensereignissen, die auf der individuellen Ebene, der familialen Ebene und der Umgebungs-Ebene eine Phase von Veränderungen mit sich bringen. Beispiele für Transitionen sind der Übergang von der Partnerschaft zur Elternschaft, das Eintreten des Kindes in das Jugendlichenalter, der Beginn der Erwerbsarbeit, Trennung und Scheidung der Eltern oder neue Partnerschaft und Bildung einer Stieffamilie, aber auch der Eintritt in den Kindergarten und in die Schule. Jeder Übergang hat seine eigenen Inhalte, die mit spezifischen Anforderungen zusammenhängen. Kennzeichnend für Übergänge ist:

- Übergänge sind **prozesshafte Geschehen.**
- Sie bedingen einen Wandel im subjektiven Selbstbild, in der **Identität**, die durch einen veränderten sozialen Status und über Kompetenzgewinn erlebt wird.
- Auf der Ebene der bisherigen und neuer **Beziehungen** findet ein **Rollenwandel** statt. Auch bisherige Beziehungen werden reorganisiert und neue Beziehungen können etabliert werden.
- Ein **Pendeln zwischen unterschiedlichen Lebensbereichen** setzt ein bei Übergängen zwischen Bereichen des Bildungssystems, wenn das Kind zwischen Familie und Kindergarten bzw. Schule als relevantem Bezugsraum hin- und herwechselt.

---

[18] Cowan 1991; Cowan u.a., 1994; Fthenakis, 1995a,b,c; 1997, 1998a, 1999; Griebel 1997; Griebel & Niesel 1996, 1998a,b; 1999 b,c; Niesel & Griebel 1997, 1998 a,b

Der Übergang von der Familie in den Kindergarten bringt tief greifende Veränderungen der Identität, der Rollen und Beziehungen mit sich.

- **Starke Emotionen und Stress** müssen sowohl auf individueller Ebene bewältigt werden, als auch auf der Ebene der sozialen Beziehungen in der Familie und im übergangsrelevanten Bezugsystem.

Die mit Übergängen verbundenen Belastungen und Chancen werden als verdichtete Entwicklungsanforderungen verstanden.[19] Mit konzentrierten Lernprozessen ist eine Anpassung an die jeweils gegebenen Veränderungen zu leisten.

Übergänge können eingeleitet werden durch Veränderungen im kindlichen Leben, die von der Zuordnung in bestimmte Bildungs- und Betreuungssysteme bestimmt werden. Das ist bei der Krippe der Fall, beim Kindergarten, dessen Besuch heute als Norm gilt, und bei der Schule, deren Besuch verpflichtend ist.

Der wesentliche Unterschied zwischen Übergängen im Kindes- und im Erwachsenenalter besteht nicht in den biologischen und sozialen Markierungspunkten der Ereignisse, sondern in der Beteiligung einer Person selbst bei der Bestimmung über die

---

[19] Welzer, 1993

Richtung seines Lebenslaufes. Man denke an die Bedeutung dieses Umstands für die Entstehung von Stress.

Von der erfolgreichen Bewältigung bzw. der Nichtbewältigung wird ein Einfluss auf den weiteren Entwicklungsverlauf von Kindern erwartet: Eine erfolgreiche Bewältigung soll die Kompetenz von Kindern stärken, während sich durch die Nichtbewältigung die Wahrscheinlichkeit erhöhen wird, dass auch nachfolgende Übergänge nicht adäquat bewältigt werden.

Individuelle, familiale und Umgebungs-Ressourcen können die Bewältigung von Übergängen positiv beeinflussen. Die Entwicklungspsychologie, die die menschliche Entwicklung über das gesamte Leben hinweg im Auge hat, und die sogenannte Risikoforschung verweisen auf die Komplexität entwicklungsfördernder Bedingungen.[20] Kompetenzentwicklung, Selbstwertgefühl und Entscheidungsfähigkeit sind relevant im Hinblick auf späteres Problemverhalten (z.B. Suchtgefährdung). Langfristige Förderung von Kindern erscheint dann besonders wirksam, wenn die Familien in die Förderung einbezogen werden.

Statt einer Beschreibung der Veränderungen, die mit einem Übergang auf die Beteiligten zukommen, wird die Konzentration auf die Veränderungen im Individuum und in der Familie gefordert. D.h. das Hauptaugenmerk muss auf der subjektiven Sicht, den subjektiven Veränderungen, die das Erleben, die Rollenorganisation und die zentralen Beziehungen beeinflussen, liegen. Damit unterscheidet sich der Transitionsansatz auch wesentlich von den vorher beschriebenen Stress-Ansätzen.

Bestehende feste Strukturen von Bildungseinrichtungen, ihre Grenzen und ihre Curricula können auf dieser Basis in Zukunft flexibilisiert werden, z.B. flexiblerer Schuleintritt. In der Folge davon müssen die professionellen Begleiter von Übergängen wie Erzieherinnen und Lehrer die neuen Konzepte auf die Anforderungen hin überprüfen, die sie für die Kinder (und ihre Familien) beinhalten. Darauf aufbauend können sie wiederum die Kinder in den Kompetenzen unterstützen, die sie für die Bewältigung anderer institutioneller Bildungsverläufe benötigen.

Wandel der Identität

Mit dem Kindergarteneintritt verbunden ist ein grundsätzlicher Wandel der kindlichen Identität. In dieser Phase des Übergangs stellen sich ganz zentrale Lebensfragen:
- Wer bin ich? Was bin ich? Wie bin ich?
- Wer/was/wie werde ich?

---

[20] Rutter, 1987; Ulich, 1988

Diese Fragen kommen in den folgenden Äußerungen von Kindergartenkindern deutlich zum Ausdruck.

> *»Ich habe viel geweint, als ich noch neu war. Aber heimlich. Das sollte niemand sehen. Weil – ich wollte ja ein Kindergartenkind werden, und ich wollte es auch nicht. Mein Kopf wusste es nicht so genau. So war das.« (Mädchen, 4;1 Jahre)*

> *»Ich bin gerne gekommen. Ich hatte ein neues Kleid an und neue Schuhe und eine neue Kindergartentasche. Das hat sich gelohnt.« (Mädchen, 5;1 Jahre)*

Eine Person beantwortet diese Fragen damit, dass sie Wissen und Erfahrungen über sich selbst verarbeitet (aktiver selbstreflektiver Prozess). Identität als Erfahrung des eigenen Selbst ist auf Rückmeldungen aus der sozialen Umwelt angewiesen. Erfahrungen aus einzelnen Situationen werden allmählich verallgemeinert.[21]

Identität stellt eine notwendige Voraussetzung für die Handlungsfähigkeit des Einzelnen in der Gesellschaft dar. Überdauernde Beziehungen sind nur möglich, wenn der andere weiss, wer ich bin. Dazu muss ich dem anderen deutlich machen, wer ich bin. Das aber kann ich aufgrund dessen, was ich

bislang aus meiner Umwelt über mich erfahren habe und wie ich diese Erfahrungen über mich selbst zu einem Bild über mich selbst zusammenfüge, von dem ich sage: »Das bin ich!«[22].

Diese Aussagen sind nie endgültig. Das Entwickeln von Identität ist ein lebenslanger Prozess. Die Frage nach der Identität stellt sich verstärkt in Lebenssituationen, die mit weitreichenden Veränderungen verknüpft sind. »Wenn ich dies erlebe – bin ich dann noch dieselbe Person? Sehe ich die Welt noch, wie ich sie vordem gesehen habe?« Das betrifft Übergänge im Leben wie eben für das Kind der Eintritt in den Kindergarten. Das Kind prüft, ob es noch dasselbe ist, was sich für es geändert hat. Will es diese Änderungen als Teil seiner neuen persönlichen Identität akzeptieren? Wie will es seine neue Identität nach außen vertreten und darstellen? Zu den Bestimmungsfaktoren dessen, was die Identität des Kindergartenkindes ausmacht, gehören die in den Interaktionen und Beziehungen erworbenen Normen, Werte und Rollenerwartungen. Diese Bestimmungsfaktoren werden vom Kind gewissermaßen von der Außenwelt (Familie, Kindergarten) in die Innenwelt (das Selbst des Kindes) hereingeholt. Dazu gehören Geschlecht, Alter, Herkunft, Nationalität, Körper, Name, Lebensgeschichte ... Soziale Identität wird zur

---

[21] Nunner-Winkler, 1985

[22] Frey & Haußer, 1987, S. 6

persönlichen Identität. Sie erhält einen subjektiven und nach außen mitteilbaren Sinn. Einstellungen und Werte der sozialen Umgebung spielen bei der Auswahl und der Bewertung der Bestimmungsmomente für die Identität eine große Rolle. Das Kindergartenkind setzt dabei das, was es über den Wert des Kindergartens erfährt (»Kindergarten ist etwas Tolles, da gehen die größeren Kinder hin«) in Bezug zu den begleitenden Gefühlen (»Wir sind nicht sicher, ob du das alles schon so gut meistern wirst«). Aus der Umwelt übernommene Informationen müssen nicht »objektiv« sein. Es handelt sich eher um die wahrgenommene Außenperspektive, die durchaus gefiltert wird.

Dass Kindergartenkind-Sein einen veränderten Status bedeutet, wird dem Kind durch eine Reihe von Geschehnissen signalisiert: Zur Vorbereitung gehört das Einkaufen von Gegenständen, die es in der neuen Eigenschaft benötigt, wie Kindergartentasche, Hausschuhe extra, Turnbeutel u.a.m. Außerdem wird oft ein besonderer Empfang im Kindergarten gestaltet. Fotos oder Videos werden gemacht, oft sind beide Eltern und auch Großeltern und Geschwister anwesend. Diese Ereignisse zusammen lassen ein Übergangsritual[23] erkennen, das einen Wandel der Identität markiert.

---

[23] van Gennep, 1999

Wenn man etwas über die Struktur der Identität in Erfahrung bringen will, lassen sich die eingangs formulierten Fragen präziser stellen:

- Was denkt das Kind über sich? (Selbstkonzept)
- Wie fühlt es sich dabei? (Selbstwertgefühl)
- Wie geht es mit Anforderungen um? (Selbstwirksamkeit)

Es wird klar, dass Informationen über den Kindergarten und über die Erwartungen an das Kindergartenkind für sein Selbstkonzept von grosser Bedeutung sind. Es entwickelt ein Gefühl für die Zugehörigkeit zum Kindergarten und seiner Gruppe (»Ich bin in der Eulen-Gruppe!«), d.h. ein »Wir-Gefühl«. Die Kinder fühlen sich in der Regel »älter« und »größer« im Vergleich zu vorher und im Vergleich zu Kindern, die den Kindergarten nicht besuchen. Welche Botschaften braucht das Kind noch, damit sein Selbstwertgefühl beim Übergang zum Kindergartenkind gestärkt wird?

Die Grundüberzeugung, entweder anstehenden Veränderungen seines Lebens machtlos ausgeliefert zu sein, oder aber aktiv das Neue angehen und sich in das Geschehen einbringen zu können, bestimmt mit, wie das Kind mit Anforderungen umgeht. Im Hinblick auf den Kindergarten wäre es wünschenswert, dass das Kind neue Herausforderungen erkennt und nach der Eingewöhnung die Fördermöglichkeiten über die

Die Grundüberzeugung, den neuen Anforderungen gewachsen zu sein, erleichtert die Eingewöhnung.

Gruppe, die Erzieherinnen und die Umgebung für sich selbst nutzt.

Eine Identitätsveränderung erfahren im Übrigen auch die Eltern eines Kindergartenkindes. Auch sie erleben Veränderungen im Selbstkonzept (»Wir sind nicht mehr rund um die Uhr für alles zuständig, was unser Kind erlebt.« »Wir können auch etwas für die ganze Gruppe der Kinder tun!«), im Selbstwertgefühl (»Wir sind stolz, dass unser Kind sich im Kindergarten wohl fühlt, es dort beliebt ist und solche Fortschritte macht!«) und in der Selbstwirksamkeit (»Dass ich mich selbst dort einbringen kann, macht mir eine Freude, die ich vorher nicht gekannt habe!«). Augenfällig wird die veränderte Identität von neuen »Kindergarteneltern« übrigens oft daran, wie sie sich untereinander vorstellen. Während man im sozialen Umfeld meist seinen Namen und Beruf nennt, heißt es im Kindergarten: »Ich bin der Vater von Heinrich!«

Kindergarteneltern nehmen ihr Kind bewusst als Mitglied der Gruppe wahr und unterstützen es bei der Bewältigung der dort gestellten Anforderungen. Auch ihre Mitgliedschaft in der Gruppe der Eltern akzeptieren sie und lassen sich auf neue Erfahrungen in diesem sozialen Umfeld ein. Manche

Eltern tun dies nicht und bleiben scheinbar oder wirklich unberührt von dem, was im Kindergarten passiert. Der Übergang zu Kindergarteneltern findet für sie nicht statt – und sie verschließen sich den Entwicklungsmöglichkeiten, die darin liegen.

⌂ **Hinweis für die Kindergartenpraxis**

Es geht darum, die Veränderung der Identität erlebbar zu machen. Rituale spielen eine große Rolle bei der Bewältigung, wenn der »große Moment« gekommen ist. Viele Kindergärten haben Rituale für die Aufnahme des Kindes entwickelt[24]. Wir geben im Kapitel *Praxistipps zur Vorbereitung und Eingewöhnung von Kindern und Eltern* (Seite 66f) zahlreiche Anregungen dazu.

Zudem erweist sich auch aus der Perspektive der Identitätsbildung die Bedeutung vorbereitender Informationen über das Leben im Kindergarten einerseits und eine positive Einstellung zum Bewältigen von neuen Herausforderungen andererseits. Bei der Vorbereitung kann die Einrichtung selbst wichtige Akzente setzen. Erfahrungen, dass das Kind bei der Auseinandersetzung mit Anforderungen unterstützt wird, sind dabei sowohl in der Familie als auch im Kindergarten wichtig. Erfolgserlebnisse, die ihm ermöglicht werden, fördern seine Anstrengungsbereitschaft, werden seine Gefühle dabei beachtet und ernst genommen, kann es das Gefühl von Selbstwirksamkeit als kompetentes Kindergartenkind festigen.

Im Hinblick auf die Komponenten Selbstkonzept, Selbstwertgefühl und Selbstwirksamkeit kann man Ideen entwerfen, wie neuen Eltern Hilfestellung beim Entwickeln ihrer neuen Identität gegeben werden kann. Auch für die Eltern lassen sich spezielle Rituale erfinden!

Beziehungen verändern sich

Der Eintritt in den Kindergarten bringt einen Wandel der Beziehungen von Kindern und Eltern mit sich.

> »Ich habe keinen Freund. Ich suche schon, aber der Fernando will noch nicht. Der täte dann mit mir spielen.« (Junge, 4;0)

> »Also, ein Kindergartenkind muss schon ganz viel können. Alles alleine machen. Und bitte, nicht immer gleich weinen oder hauen. Es geht auch, wenn man fragt, die Frau K. und die hilft dann schon. Ich bin hier froh, weil ich gute Freunde habe, z. B. den W. Wir sind ein Team. Was das ist? Na, was der eine nicht macht, das macht der andere. Wir helfen uns, auch gegen die Mädchen.

---

[24] Longardt, 1985

Die schreien so und machen die Baustelle kaputt. Aber da passen wir jetzt gut auf, gell?« (Junge, 4;9)

Zunächst einmal erweitert sich der Personenkreis, mit dem es Eltern und Kinder zu tun haben. Junge Kinder haben in der Regel nur zu wenigen Personen außerhalb der Familie eigenständige Beziehungen. Mit dem Eintritt in den Kindergarten kommt der Neuling in eine Gruppe, die meistens 25 Kinder umfasst. Hinzu kommen mehrere Erwachsene: das Personal der Einrichtung und die Eltern anderer Kinder.

Die Beziehungen zu anderen Kindern in der Gruppe

Die neuen Anforderungen, die sich dem Kind auf der Beziehungsebene stellen, liegen nicht nur in der ungewohnt großen Anzahl von Personen. Sie liegen insbesondere darin, dass das Kind seine Beziehungen nun weitgehend eigenständig, d.h. ohne die Anwesenheit und damit ohne die Unterstützung durch seine Eltern gestalten muss. Es muss lernen, Beziehungen anzuknüpfen, aufzubauen, aufrechtzuerhalten und zu vertiefen, um seinen Platz in der Gruppe zu finden. Dabei spielt die Orientierung an den älteren Kindergartenkindern eine wichtige Rolle. Aber auch die Kinderfreundschaften bzw. -bekanntschaften aus der Zeit vor dem Kindergarten sind für die Eingewöhnung in den ersten Wochen von Bedeutung. Wie diese Beziehungen sich langfristig entwickeln, ob sie Bestand haben oder aufgrund von neuen freundschaftlichen Beziehungen in den Hintergrund treten, ist offen. Am Beginn scheinen sie Sicherheit im Neuland zu bieten.

Die älteren Mädchen bemühen sich manchmal sehr intensiv um die Neulinge.

Beziehungen in der Kindergruppe können unterstützend, im Einzelfall belastend wirken. Problematisch ist es, wenn ein Kind in eine Außenseiterposition gerät, die sich über die Zeit verfestigt. Dies kann durch auffällig zurückhaltendes oder aggressives Verhalten geschehen. Um die Isolation eines Kindes zu verhindern, wird die Erzieherin unterstützend eingreifen. Wie komplex diese Prozesse der Eingewöhnung und Eingliederung ablaufen, wird später im Abschnitt *Übergang findet nicht an einem Tag statt* (Seite 42f) ausgeführt. Von erfolgreichen Interaktionen mit anderen Kindern in der Gruppe hängt wesentlich ab, ob ein Kind sich wohl fühlt. Erst dann kann es die Möglichkeiten, die der Kindergarten für seine Weiterentwicklung bietet, ausschöpfen und ein kompetentes Kindergartenkind werden. Der erweiterte Erfahrungsradius des Kindergartenkindes soll nicht nur eine Erweiterung des sozialen Netzes über den Kindergarten selbst bedeuten, sondern auch die Kompetenzen fördern, außerhalb des Kindergartens soziale Beziehungen zu Gleichaltrigen und Erwachsenen aufzunehmen.

Die Beziehung des Kindes zur Erzieherin

Die Erzieherin ist die fachlich qualifizierte Begleiterin des Übergangs für das Kind und seine Eltern. Ihre unterstützende Grundhaltung für das Kind kann vorausgesetzt werden. Eine ihrer Hauptaufgaben sieht die Erzieherin darin, die Integration des Kindes in die Gruppe, also seine Beziehung zu anderen Kindern zu fördern. Das Leben in der Kindergruppe müssen junge Kindergartenkinder aber erst lernen, da insbesondere die erstgeborenen Kinder in einer Familie, die in den Kindergarten kommen, an die ungeteilte Aufmerksamkeit erwachsener Personen gewöhnt sind. So sagten zahlreiche Erzieherinnen in unserer Untersuchung, dass es zu den Haupterschwernissen ihrer Arbeit am Beginn eines Kindergartenjahres gehöre, dass einzelne Kinder sehr anhänglich seien und fast ununterbrochen Zuwendung von der Erzieherin forderten. Je stärker sich die Kinder dann in die Gruppe integrieren können, desto weniger anhänglich verhalten sie sich gegenüber der Erzieherin. Man kann davon ausgehen, dass sich das Verhältnis zwischen dem einzelnen Kind und seiner Erzieherin positiv entwickelt, allerdings mit einer beträchtlichen Bandbreite an Gefühlsintensität.

Eltern beschrieben nach einem halben Jahr Kindergartenerfahrung die Beziehung ihres Kindes zur Erzieherin von »er liebt sie über alles« bis »er akzeptiert sie«. Die Erzieherin ihrerseits sollte sich darüber klar sein, welche Art von Beziehung sie zu den ihr anvertrauten Kindern und ihren Eltern aufbauen möchte.

Kindergartenneulinge brauchen viel Zuwendung.

Die neuen Beziehungen der Eltern

Für die Eltern bedeutet der Eintritt in den Kindergarten auch, dass sie für eine bestimmte Zeit des Tages nicht mehr die uneingeschränkte Kontrolle über das Verhalten und das Wohlergehen ihres Kindes haben. Auch die Erziehung liegt nicht mehr exklusiv in ihrer Verantwortung – sie haben »Miterzieher« bekommen. Für mehrere Stunden des Tages geben sie ihr Kind nun regelmäßig in die Obhut einer zunächst einmal weitgehend unbekannten pädagogischen Fachkraft, die sie vielleicht bei der Anmeldung oder am Schnuppervormittag kennen gelernt haben. Zu dieser Person gilt es, eine vertrauensvolle Beziehung zu entwickeln. Bis dieses Ziel erreicht ist, können Eltern durchaus »gemischte Gefühle« im Hinblick auf die Erzieherin empfinden. So kann diese z.B. als Konkurrentin erlebt werden, die das Kind jetzt für mehrere Stunden des Tages hat, während die Mutter darauf verzichten muss. Oder aber die Erzieherin gewinnt in der Gunst des Kindes ein hohes Ansehen und seine Zuneigung. Vielleicht erfahren Eltern auch Widerspruch von ihrem Kind mit der Begründung, die Erzieherin mache das aber anders und deshalb solle es in der Familie jetzt auch anders gemacht werden.

Als Fachfrau ist die Erzieherin in den Augen der Eltern so etwas wie eine Begutachterin ihrer bisherigen Erziehungsarbeit. Den meisten Eltern ist es daher sehr wichtig, dass ihr Kind von Anfang an »gut funktioniert«. Subjektiv erlebtes Versagen, weil vielleicht die Erwartungen an das Kind zu hoch sind oder eine Äußerung der Erzieherin als Kritik verstanden wird, bedeutet für die Eltern Stress, solange die Beziehung zur Erzieherin noch unsicher ist.

Die Eltern stellen sich mit ihrem »Erziehungsprodukt« nun auch innerhalb der Elterngruppe mit gleichaltrigen Kindern vor. Eventuell sehen sie ihr Kind im Vergleich zu anderen »objektiver«, weniger kritisch, d.h. anerkennender als zuvor. Oder aber das Kind wird seitens der Eltern kritischer gesehen als zuvor, weil seine Entwicklungsfortschritte und seine Fähigkeiten mit denjenigen anderer Kindern verglichen und als weniger »einmalig« empfunden werden. Stolz auf das Kind einerseits, Kränkung durch das Kind andererseits können die Beziehungen innerhalb der Elterngruppe aber auch zwischen Eltern und Kind beeinflussen. Die Familie erfährt somit durch den Eintritt in den Kindergarten eine stärkere Beeinflussung von außen.

Die Eltern der Kindergartengruppe sind auch eine Bezugsgruppe für die Überprüfung des eigenen Lebens- und Familienstils. Vergleiche unter den Eltern betreffen nicht nur Statusmerkmale wie z.B. Kleidung, Auto oder Wohnung. Verglichen werden auch Erziehungsstil, Qualität von Partnerschaft oder das Engagement im Kindergarten. Zwischen den Beziehungen der Eltern untereinander und den Beziehungen der Kinder besteht oft eine Wechselwirkung, etwa über die Pflege von Freundschaften. Die Beziehungen zu anderen Erwachsenen können unterstützend oder belastend wirken. Auch die Eltern müssen in ihrer neuen Gruppe ihre Position finden und mit Selbstbewusstsein ausfüllen.

Die Beziehungen innerhalb der Familie

Für jeden Einzelnen – Erwachsene wie Kinder – sind Übergänge mit einem Aufruhr der Gefühle verbunden. Je jünger Menschen sind, desto schwerer fällt es ihnen, diese Gefühle zu kontrollieren. Und wenn der Ausbruch von Gefühlen als unerwünscht oder unangemessen empfunden wird, besteht das Risiko, dass Beziehungen sich zumindest zeitweise verschlechtern. Beim Eintritt in den Kindergarten können Situationen entstehen, die dies gut nachvollziehen lassen: Das Kind ist niedergeschlagen, es weint häufiger. Sein Wunsch, zu Hause zu bleiben, belastet die Beziehungen zwischen Kind und Mutter. Das Vertrauen des Kindes in die Liebe der Mutter wird berührt, da es nun Forderungen erlebt, sich aus der engen Interaktion zu lösen. Wenn das Kind vorübergehend noch überfordert ist, zeigt es vielleicht scheinbar Verhaltensrückschritte. Dies stellt für die Eltern natürlich eine Belastung dar, denn sie wünschen sich einen problemlosen Eintritt und möglichst schnell die Gewissheit, dass ihr Kind sich wohl fühlt. So kann es am Beginn der Kindergartenzeit, auch durch verstärkte Erziehungsbemühungen, zu einer Verschlechterung der Eltern-Kind-Beziehung kommen. Aber auch langfristig bewirken die Erfahrungen von Kindern und Eltern Veränderungen innerhalb der Familie. Das Kind wird selbstständiger. Eltern müssen mehr Unabhängigkeit der Kinder zulassen. Das Kind macht Erfahrungen mit weiteren Erwachsenen und erfährt neue Erziehungsformen durch den Kindergarten. Das geschieht auch bei Besuchen in den Familien anderer Kinder. Sein Verhaltensrepertoire erweitert sich. Vielleicht zeigt es auch unerwünschtes Verhalten, das es im Kindergarten »aufgeschnappt« hat, weil es sich an den »Großen« zu orientieren versucht. Oder aber ein Verhalten, das im Kindergarten toleriert wird oder sinnvoll ist, verstößt gegen die Regeln des Familienlebens.

Erworbene Fertigkeiten im Umgang mit anderen Kindern können auch die Geschwisterbeziehungen beeinflussen. Das Kindergartenkind erlebt sich nun als »größer« und verhält sich gegenüber jüngeren Geschwistern dominanter, vielleicht auch fürsorglicher und beschützend. Wird dieses neue Verhalten vom Geschwister nicht akzeptiert, kann es zu einer Zunahme von Konflikten kommen, bis die Beziehung wieder geklärt ist.

⌂ **Hinweis für die Kindergartenpraxis**

Weil Überschaubarkeit vor allem für jüngere, neu eintretende Kinder wichtig ist, können Beziehungen vor allem in Untergruppen leichter angebahnt werden. »Patenschaften« älterer für neue Kinder können ebenfalls hilfreich sein. Bei Kindern, die aufgrund schüchtern-zurückhaltenden oder aber aggressiven Anpassungsverhaltens in eine Außenseiterposition geraten, ist Integrationshilfe gefordert.

Eltern können darauf vorbereitet werden, dass Beziehungen in der Familie sich wandeln können, wenn das Kind »Kindergartenkind« wird – z.B. kann es einen erhöhten Dominanzanspruch gegenüber einem jüngeren Geschwisterkind geben.

Innerhalb der Elternschaft ergeben sich Beziehungen, die in gezielter Elternarbeit auch moderiert werden können, wenn man die Eltern als Gruppe versteht.

Rollen wandeln sich

Bei der Bewältigung des Übergangs von der Familie in den Kindergarten verändern sich die Rollen des Kindes und der Eltern.

> *»Ein Kindergartenkind pieselt nicht mehr rein in die Hose. Nur manchmal, da passierts. Da bin ich froh, wenns keiner merkt.« (Junge; 4;9 Jahre)*
>
> *»Hier ist es nicht so toll. Andauernd darf man nicht alles machen. Ich muss so oft warten. Das ist schwer. Wenn ich jetzt denke, soll es auch jetzt passieren.« (Junge, 4;8 Jahre)*
>
> *»Ich weiß schon lange, was man darf, äh besser was man nicht darf: hauen, beißen, schreien und schlimme Wörter sagen. (flüstert) ›Geil‹, das ist so ein Wort«. (Junge, 6;0 Jahre)*

Die gute alte Rollentheorie! Der Begriff der »sozialen Rolle« bezeichnet zugleich sozial bestimmte Verhaltensweisen des Einzelnen und soziale Vorbilder. Die Rolle ist verbunden mit der sozialen Position innerhalb eines bestimmten Systems. Die soziale Position schreibt bestimmte Verhaltensformen vor, die der Einzelne dann umsetzt. Vorgeschrieben heißt, dass die anderen Personen des Systems diese Verhaltensweisen eines Gruppenmitglieds in seiner Position erwarten. Die Rolle ist aber nicht nur starr und durch die Erwartungen der anderen aufgezwungen. In Verbindung mit der eigenen Spontaneität schafft und erfindet der Einzelne auch seine eigene Rolle, die er in die Gruppe einbringt.

Wie wird eine Rolle definiert?

- Rolle wird bestimmt durch die Erwartungen der anderen Beteiligten des sozialen Systems (Rollenerwartungen).
- Soziale und persönliche Faktoren bestimmen die Umsetzung im Rollenverhalten (Rollenperformanz).
- Wenn erwartetes Verhalten nicht gezeigt wird, setzen negative Reaktionen ein (Rollensanktionen).

Zur Rolle des Kindes in der Familie – mit den dort gehegten Erwartungen an Verhalten – kommt die Rolle des Kindergartenkindes hinzu. Es handelt sich also für das Kind nicht um einen Rollenwandel, sondern um einen Rollenzuwachs.

Die Rolle als Kindergarten-Kind

Mit dem Übergang zum Kindergartenkind sind Erwartungen verknüpft, was das Kind »schon kann«. Solche Erwartungen haben die Erzieherinnen und die Eltern. Aber auch Kinder selbst stellen sich vor, was ein Kindergartenkind ausmacht, was man von ihm erwartet.

Wir erinnern uns, dass viele Erzieherinnen zum Beispiel erwarten, dass Kinder »gruppenfähig« sein sollten, wenn sie in den Kindergarten kommen. Das ist jedoch eine Eigenschaft, die Kinder erst in der Gruppe lernen, mithin im Kindergarten erwerben. Manche Erzieherinnen haben anscheinend eher das »kompetente Kindergartenkind« vor Augen, wenn sie nach Eingangsvoraussetzungen gefragt werden. Wir schließen daraus, dass es aus der alltäglichen Arbeit he-

raus mit Kindern, die unterschiedlich lange den Kindergarten besuchen, nicht ganz einfach ist, angemessene Erwartungen an die Kindergartenneulinge zu haben.

Wie erwerben die Kinder Rollenverhalten?

Kinder ahmen nach, was die Älteren tun (Modelllernen). Sie versuchen zunächst zögernd, dann gezielter, Anschluss zu finden. Die Älteren lehnen Wünsche nach Zusam-

Sich in der (Kindergarten-)Gruppe zurechtzufinden lernen die Kinder erst allmählich.

menspielen ab, wenn sie befürchten, die Jüngeren »können« etwas noch nicht, oder, dass sie ihnen z.B. Bauwerke zerstören könnten[25]. Für andere Spiele, vor allem Bewegungsspiele, bei denen mehrere Mitspieler benötigt werden, kommen sie aber auch auf die Jüngeren zu. In der Gruppe lernen die neuen Kinder nach und nach die Regeln des Miteinander – sie werden »gruppenfähig«. Ihr Rollenverhalten – wie sie ihre Rolle individuell ausfüllen – zeigt das. Falls Kinder den Erwartungen nicht gerecht werden, müssen sie mit Ermahnung, Kritik oder verringerter Zuwendung bzw. Zurückweisung durch andere Kinder rechnen (Rollensanktionen).

In seiner neuen Rolle lernt das Kind neues Verhalten. Es ist anzunehmen, dass das Kind das Verhalten, das es in der Gruppe, in der Einrichtung entwickelt, ohne den Kindergarten nicht entwickeln würde.

Rollenerwartungen an die Eltern eines Kindergartenkindes

Auch an die Eltern richten sich Erwartungen, die geklärt werden müssen, um (Rollen-)Konflikte zu vermeiden. Wir hatten Erzieherinnen danach gefragt, woran sie erkennen, dass Eltern »eingewöhnt« sind.

---

[25] Schmidt-Denter, 1985a

Ihre Antworten lassen sich auch als Erwartungen lesen – damit ist eine Rolle angedeutet. Genannt wurden:

- Selbstständigkeit des Kindes zulassen
- Pünktlichkeit
- Mithilfe
- Gesprächsbereitschaft
- Selbstständigkeit
- Mitglied in der Gruppe der Eltern
- Vertrauen in die pädagogische Arbeit der Erzieherinnen

⌂ Hinweis für die Kindergartenpraxis

Je durchschaubarer Regeln im Kindergarten und zu Hause sind (»Das gilt im Kindergarten, zu Hause ist das anders!«), desto klarer sind Erwartungen an die Kinder und Eltern bestimmt. Auch die Offenlegung des pädagogischen Hintergrundes für Regeln ist bedeutsam zum Verständnis.

Vorsicht: Von neuen Eltern sollte man nicht erwarten, was erst von »eingewöhnten« Eltern erwartet werden kann! Rollen müssen erlernt werden, müssen »geprobt« werden! Je klarer die Erwartungen formuliert werden, desto größer ist die Wahrscheinlichkeit, dass sie verstanden werden – dann werden sie auch Gesprächsgegenstand.

Auch die neuen Eltern lernen am Modell der »alten«, die sie im Kindergarten kennen lernen. Wenn neue Eltern gezielt mit den alten gemischt werden, kann das daher den neuen Eltern die Orientierung erleichtern.

Damit Eltern die Rolle der Erzieherinnen, ihre Aufgaben und ihren pädagogischen Ansatz kennen lernen, wäre ein Gespräch über die Erwartungen der Eltern an die Erzieherinnen hilfreich.

Wenn zwischen Eltern und Erzieherinnen Erfahrungen aus der eigenen Kindergartenzeit ausgetauscht werden, werden Unterschiede zum Kindergarten heute sichtbar. Wechselseitige Unterstützung bei den pädagogischen Aufgaben zu Hause und in der Einrichtung lassen sich erörtern.

Eine Klärung der Rollen von Erzieherinnen und Eltern verhindert, dass Rollenkonflikte auftreten, bei denen Erzieherinnen und Eltern um die »wahre« Erziehung, um attraktive Angebote für das Kind oder um die Zuneigung des Kindes konkurrieren.

Pendeln zwischen zwei Lebensbereichen

Kennzeichnend für den Übergang in den Kindergarten ist, dass das Kind beginnt, regelmäßig zwischen zwei Lebensbereichen hin- und herzupendeln. Es »wechselt« ja nicht in den Kindergarten! Dies ist eine besondere Leistung für das junge Kind, denn: Es muss sich täglich neu orientieren in Hinsicht auf die jeweiligen räumlichen und die sozialen Gegebenheiten.

»Ich komme sehr gerne. Ich kenne ja alles. Ich habe hier mehr Platz zum Spielen und mehr Jungen zum Toben. Zu Hause habe ich nur ein Mädchen.« (Junge, 4;9 Jahre)

»Also, zu Hause ist zu Hause, und Kindergarten ist Kindergarten. Hier ist meine Arbeit und zu Hause ist meine Erholung – verstehste? Meine Arbeit ist, dass ich was lerne, sagt die Mama. Lernen ist, wenn der Kopf sich anstrengt. Bei der Erholung, da strengt sich der Kopf wieder ab. Ich mag das so.« (Junge, 3;10 Jahre)

»Hier sind die Tische anders und die Stühle. So viele. So viele täten nicht in meine Wohnung passen. Ich freue mich, wenn ich komme, noch mehr freue ich mich, wenn die Mama mich wieder holt.« (Mädchen, 3;4 Jahre)

Während es zu Hause in einem engen, vertrauten, familialen Verband mit einem bzw. zwei Elternteilen, eventuell mit Geschwistern und/oder anderen Verwandten lebt – auch Haustiere sind ihm wichtig! – sieht sich das Kind im Kindergarten einer vergleichsweise sehr großen Gruppe von Kindern mit wenigen Erwachsenen gegenüber. Wichtig ist die räumliche Orientierung – in welchen Gruppenraum gehöre ich, wo finde ich was, und was ist, wenn ich auf die Toilette muss?

In der Familie und in der Einrichtung gibt es unterschiedliche Regeln. Die betreffen zum Beispiel das Eigentum an den Spielsachen: Zu Hause und auch auf dem Spielplatz gehören die Gegenstände einzelnen Kindern. Das muss beim Umgehen mit diesen Spielsachen berücksichtigt werden – und das wird auch berücksichtigt. Im Kindergarten gehören die Dinge nicht einzelnen Kindern. Einzelne Kinder oder Kleingruppen können aber Spielsachen für einen bestimmten Zweck oder eine bestimmte Zeit in Gebrauch haben – die Regeln hierfür müssen ausgehandelt und vermittelt werden. Und was ist,

wenn die Kinder eigene Dinge von zu Hause mitbringen? An der Art und Weise, wie Kinder unter sich diese Fragen regeln, kann man erkennen, wie weit sie die unterschiedlichen Regeln erfasst haben und auseinander halten können. Das Pendeln zwischen zwei Lebensbereichen mit unterschiedlichen Regeln und Erwartungen, in einem neuen Tagesrhythmus muss bewältigt werden.

Die Eltern müssen nunmehr nicht nur Familie und Erwerbstätigkeit miteinander vereinbaren, sondern Anforderungen von Familie, Arbeitsplatz und der Einrichtung unter einen Hut bringen. Das bedeutet Einhaltung der Bring- und Holzeiten, Abend-

Das Pendeln zwischen den unterschiedlichen Lebensbereichen fällt Kindern am Anfang nicht leicht.

termine, Vorbereitungsarbeiten für Kindergartenfeste, besondere Vorkehrungen bei Ausflügen. Konkret müssen die Eltern aushandeln, wer das Kind an welchen Tagen bringt und holt. Der Freitag nachmittag ist dabei vor allem der »Vatertag«. Auch außerhalb von Einrichtungen, also in der Familie und am Arbeitsplatz kann nicht immer alles kontrolliert werden und es kommt nicht immer alles wie geplant – das ist nicht nur im Kindergarten so.

Mit dem Pendeln ist immer ein Verabschieden auf Zeit von dem jeweils anderen Lebensbereich verbunden. In der Familie wird weniger Zeit verbracht als vorher. Eine gewisse Abgeschlossenheit der Eltern-Kind-Beziehung (ein »Nestgefühl«) muss zumindest für einen Teil des Tages aufgegeben werden. Weder weiß das Kind, was genau jetzt zu Hause geschieht, noch wissen die Eltern, wie es ihrem Kind jetzt gerade geht und was es gerade tut. Das heisst, dass auch die mit dem familialen Zusammenleben verbundene Kontrolle eingeschränkt wird. Verlust an Kontrolle über eine Situation kann, wie wir aus der Stressforschung wissen, als Belastung erfahren werden. Diese Belastung und auch Verlustgefühle müssen verarbeitet werden.

Wenn das Kind sich aus dem Kindergarten nach Hause verabschiedet, lässt es ebenfalls bis zum nächsten Tag einiges zurück: Die vertrauter werdende Umgebung, die vertrauter und lieber werdenden anderen Kinder aus der Gruppe, die freundliche Erzieherin mit den guten Ideen:»Immer muss man aufhören, wenn es am schönsten ist…«

⌂ Hinweis für die Kindergartenpraxis

Regelmäßigkeit und Pünktlichkeit bedeuten für das Kind Vorhersehbarkeit des Tages- und Wochenablaufes. Das bedeutet weniger Stress als die Situation, dass es zu spät in den Kindergarten kommt und die Spielgruppen sich für den Tag bereits gebildet haben. Dann sieht das Kind sich einer komplexen verfestigten Struktur gegenüber, in die es schwerer hineinkommt. Manche Kinder möchten extra unter den Ersten sein, damit sie die anderen nach und nach auf sich zukommen lassen können.

Natürlich bedeutet es auch weniger Stress, wenn das Kind weiß, dass es pünktlich abgeholt wird. Wir wissen, dass es für Eltern nicht immer leicht ist, diese Pünktlichkeit zu gewährleisten, wollen aber aus der Sicht des Kindes noch einmal auf die Bedeutung hinweisen. Im Kindergarten geht es ebenfalls darum, dass das Kind seine Tätigkeit rechtzeitig beenden kann, egal ob es ein Spiel oder eine Werktätigkeit ist. Dazu müssen ihm rechtzeitig Impulse gegeben werden, so dass sich in seinem Erleben des Kindergartentages ein Bogen schließt. Das ist für das Kind wichtig, damit es nicht »unvorhergesehen« aus einem Spiel, aus einer Arbeit herausgerissen wird.

Belastungen, die aus dem Pendeln zwischen den Lebensbereichen resultieren, können sich beim Kind zeigen als Weinen, Erschöpftsein oder Unzufriedenheit. Aber auch bei Eltern können Müdigkeit, Gehetztsein, mangelnde Aufmerksamkeit für das Kind und Schuldgefühle vorkommen. Und schließlich: Sowohl am Montagmorgen als auch am Ende eines langen Arbeitstages sind die Erzieherinnen selbst nicht immer die Frischesten und Fröhlichsten! Gegenseitige Offenheit und gegenseitiges Verständnis für »Reibungsverluste« bei der Einhaltung der verschiedenen Verpflichtungen kann Konflikte vermeiden helfen.

Die Eltern kennen das Kind vor und nach dem Kindergarten, die Erzieherin nach und vor der Familie – wechselseitige Information ergibt ein ganzheitliches Bild vom Kind und von seiner Bewältigungsleistung.

Zur Veranschaulichung dessen, was Eltern, Erzieherin und Kind erleben, wenn das Kind morgens in die Einrichtung gebracht und mittags oder nachmittags wieder geholt wird, haben wir in Fortbildungen kleine Rollenspiele veranstaltet. Pantomimisch sollten Erwachsene kurz einige Szenen zwischen »Mutter«/»Vater«, »Erzieherin« und »Kind« andeuten, die im Kindergartenalltag vorkommen können.

Pendeln zwischen Familie und Kindergarten

Ein Rollenspiel

1. Szene: Das Kind wird von der Mutter/dem Vater gebracht, die Erzieherin steht bereit – doch das Kind will sich nicht von der Mutter trennen.

2. Szene: Das Kind wird in den Kindergarten gebracht und kann kaum erwarten, von der Mutter wegzugehen und zur Erzieherin hinzulaufen.

3. Szene: Die Mutter/der Vater will das Kind aus dem Kindergarten abholen. Das Kind will sich aber nicht aus dem Kindergartengeschehen, von der Erzieherin lösen.

4. Szene: Die Mutter/der Vater wollen das Kind abholen, das Kind kann kaum erwarten, von der Erzieherin wegzukommen und zu den Eltern hinzulaufen.

5. Szene: Das Kind ist in den Kindergarten gekommen, verhält sich aber ablehnend und abweisend gegenüber der Erzieherin.

6. Szene: Das Kind ist nach dem Kindergarten zu Hause, will aber nicht sprechen und verhält sich abweisend gegenüber der Mutter/dem Vater.

Die »Mutter«/der »Vater« können jeweils nach einer kurzen, einige Sekunden dauernden Darstellung gefragt werden, wie sie das Verhalten des »Kindes« deuten. Haben sie es so erwartet? Worauf führen sie es zurück? Was für Gefühle löst es bei ihnen aus? Entsprechend werden auch die »Erzieherinnen« gefragt. Zum Schluss werden die »Kinder« gefragt, was sie in diesen kurzen Szenen erlebt haben.

Natürlich wird niemand für seine Darstellung oder für seine Deutung der Situation kritisiert! *Vorsicht!* Das Rollenspiel soll keine tiefere Selbsterfahrung erschließen und auch nicht verborgene Wahrheiten einzelner Teilnehmer wie in einer Therapie ans Licht bringen. Mit der Gegenüberstellung von Erlebnissen und den jeweiligen Ansichten darüber sollen lediglich Anstöße für ein Gespräch gegeben werden. Wenn dies zu Beginn klargestellt wird, sinkt die Scheu davor, an einem solchen Spiel teilzunehmen.

Übergang findet nicht an einem Tag statt

Die Übergangsbewältigung ist ein Prozess, der sich länger hinstreckt als von Eltern und von Erzieherinnen erwartet wird.

»Also, ich bin jetzt schon eine kleine Zeit hier. So halt noch nicht so lang. Zuerst wollte ich nicht, aber die Mama hat mir alles gezeigt und ich durfte die hier besuchen. Besuch ist besser, weil ich dann heim durfte, wenn ich wollte. Jetzt ist es aus mit dem Besuch.« (Mädchen, 3;3 Jahre)

»Als ich neu war, war ich traurig. Bei der Mama war es so kuschelig und hier war es so viiiel!!« (Junge, 4;8 Jahre)

»Also zuerst war hier alles neu. Aber nach ein paar Tagen war es alt. Also nicht richtig alt, nur für mich – verstehst?« (Junge, 4;1 Jahre)

»Als ich hier noch klein war, war ich so aufgeregt. Ich hab die ganze Nacht nicht geschlafen. Ich hatte Freude und Angst. Alles war so groß und ich bin immer hinter der Mama gegangen. Aber sie hat mich dann reingestellt und – ja so war's«. (Junge, 3;8 Jahre)

Gewöhnen sich ältere Kinder schneller ein als jüngere?

Wir haben Erzieherinnen gefragt, ob die Eingewöhnung des Kindes ihrer Erfahrung nach mit seinem Alter beim Eintritt in den Kindergarten zusammenhänge. 42 % der Erzieherinnen bejahten die Frage generell, 58 % verneinten sie. Diese Einschätzung erfolgte unabhängig von der Anzahl der Berufsjahre. Die Aussagen von Erzieherinnen, die einen Altersunterschied annahmen, lauteten: Dreijährige brauchen zwischen 4 und 8 Wochen zur Eingewöhnung, Vierjährige brauchen 3 bis 6 Wochen und Fünfjährige 2 bis 4 Wochen.

Nach Angaben der Erzieherin zeigten sich für einen beträchtlichen Anteil der Kinder noch zehn Monate nach Kindergarteneintritt Probleme im Zusammenhang mit der Eingewöhnung. Als Probleme wurden genannt:

- Dominanzstreben,
- Fehlende Integration in die Gruppe,
- Einhalten von Regeln,
- scheu-zurückgezogenes Verhalten oder
- Suchen von Nähe der Erzieherin,
- fehlende Ausdauer bei Leistungsanforderungen,
- aggressive Verhaltensformen.

Dabei spielte das Alter der Kinder keine Rolle, d.h. die Zeit, die ein Kind zur Eingewöhnung in den Kindergarten brauchte, war nicht abhängig von seinem Alter ebenso wenig wie vom Geschlecht des Kindes. Erzieherinnen, die geäußert hatten, Dreijährige seien zu jung für den Kindergarten, berichteten *ebenfalls nicht* vermehrt über Probleme, wenn nach konkreten Kindern gefragt wurde, die als Dreijährige in den Kindergarten eingetreten waren. Die genannten Probleme lagen unterhalb der Schwelle von Auffälligkeiten im klinischen Sinne. Vielmehr konnten sie als Stressreaktionen im Zusammenhang mit der Eingewöhnung gesehen werden.

Für Eltern beginnt der Übergangsprozess lange vor der Anmeldung

Für die Eltern beginnen die Überlegungen, welche Einrichtung und ab wann diese ihr Kind aufnehmen soll, lange vor der eigentlichen Anmeldung und vor der Vorbereitung des Kindes. Sie machen sich Gedanken um das Wohlergehen des Kindes in der Einrichtung, seine »Kindergartenreife« und um die Planung einer optimalen Förderung. Eltern erhoffen sich für ihr Kind einen möglichst problemlosen Eintritt in den Kindergarten. Sie vergleichen ihr Kind mit anderen, bei denen die Eingewöhnung schneller zu klappen scheint. Erwartungen können manchmal als Druck an das Kind weitergegeben werden und für das Kind zu einem Belastungsfaktor werden.

Wann ist die Eingewöhnung eines Kindes abgeschlossen?

Woran erkennen Erzieherinnen, »dass ein Kind ein Kindergartenkind geworden ist«? In unserer Untersuchung konnten wir 334 Aussagen zu diesem Thema auswerten. Aus den Formulierungen der Erzieherinnen ließen sich Kategorien bilden, die durch Beispiele veranschaulicht werden:

Soziale Integration / Freundschaften
- *»wenn sich das Kind in das Gruppengeschehen einbringt«*

- *»findet eigenen Freundeskreis«*
- *»hat Freunde im Kindergarten, fühlt sich wohl«*

Verhalten in der Gruppe
- *»wenn es mit gleichaltrigen Kindern spielen kann«*
- *»kann spielen und sich verständigen«*

Emotionale Befindlichkeit
- *»Es geht gerne in den Kindergarten, kommt lachend und fröhlich in die Gruppe.«*

Das eingewöhnte Kindergartenkind bewegt sich mit großer Sicherheit in diesem Lebensraum.

- *»Freies, offenes Gespräch, Ungezwungenheit, das Kind fühlt sich wohl und strahlt dies aus.«*
- *»Lachen beim Bringen«*
- *»Wohlfühlen, Sicherheit, Wir-Gefühl«*

Eigeninitiative

- *»äußert von sich aus seine Bedürfnisse«*
- *»geht zielstrebig auf ein Spiel zu und fragt andere Kinder, ob sie mit ihm spielen«*
- *»entwickelt eigene Ideen«*
- *»selbstständig Probleme lösen«*

Akzeptieren von Gruppenregeln

- *»Akzeptanz des Tagesablaufs und der Gruppenregeln«*
- *»kennt die Gruppenregeln, und kann sich daran halten, kann sich anpassen«*
- *»Internalisierung von Gruppenregeln und -normen«*

Tolerieren der vorübergehenden Trennung von den Eltern

- *»kann sich von der Mutter lösen«*
- *»es macht keine großen Probleme bei der Trennung von der Mutter«*
- *»Abnabelung von den Eltern«*
- *»Loslösung von den Eltern erfolgte«*

Beziehung zur Erzieherin

- *»das Kind kennt die Namen der Erzieher und der Kinder«*
- *»geht auf Personal und Kinder zu«*

⌂ Hinweise für die Kindergartenpraxis

Ganz wichtig ist, sowohl den Kindern wie den Eltern genügend Zeit einzuräumen. Erzieherinnen müssen sich mit ihren eigenen Erwartungen bezüglich des Zeitraums für die Eingewöhnung auseinandersetzen und sie sollten auch wissen, welche Erwartungen die Eltern haben.

Die Zeit zwischen Anmeldung des Kindes und Kindergarteneintritt könnte intensiver für die Vorbereitung der Eingewöhnung von Kindern und Eltern genutzt werden. Probebesuche scheinen allgemein üblich zu sein, eine gestaffelte Aufnahme von Kindern ist etwa bei der Hälfte der bayerischen Kindergärten vorgesehen, Eltern dürfen zumeist in der ersten Zeit eine Weile bei ihrem Kind bleiben.

Die Eltern über Ziele des Kindergartenbesuchs und über Grundzüge der Pädagogik im Kindergarten zu informieren, ist wichtig, wenn diese ihr Kind realistisch vorbereiten und das Kind nicht vor dem Hintergrund eigener verblasster oder problematischer Erfahrungen beeinflussen sollen.

Den Eltern sollte ebenfalls eine Eingewöhnungszeit eingeräumt werden. Verlaufsbeobachtungen sind die Grundlage für die Beschreibung des Eingewöhnungsprozesses. Eltern brauchen Rückmeldungen über den Stand der Eingewöhnung ihres Kindes und die klare Botschaft, dass auch längere Eingewöhnungszeiten »normal« sein können.

Dies entlastet die Eltern, und wenn Erzieherin und Eltern sich gemeinsam auf das Kind einstellen, wird auch das Kind entlastet.

Starke Gefühle bewältigen

Übergänge sind von starken Gefühlen begleitet, mit denen die Betroffenen umgehen müssen. Das ist normal. Beim Übergang in den Kindergarten können das die Ängste und Befürchtungen sein, die mit der befristeten Trennung zwischen Kind und Eltern einhergehen. Natürlich können auch Freude und Stolz sehr intensiv empfunden werden.

»Ich war sehr traurig. Ich wollte weinen, aber ich hab mich nicht getraut. So viele Kinder und viele Tische und viele Stühle. Ich wollte wieder nach Hause, aber die Mama hat es nicht erlaubt. Ich komme gerne. Noch besser wären nur Mädchen.« (Mädchen, 4;2 Jahre)

»Also ich war auch traurig am Anfang. Ich konnte mir das gar nicht so vorstellen. Ich mag lieber, wenn ich was schon kenne. Ich hab die ganze Nacht Angst gehabt vor hier. Hätte ich aber nicht müssen. Hier ist es toll. Ich hab gemerkt, es wird toller mit mir!« (Mädchen, 3;1 Jahre)

Um die befristete Trennung von den Eltern zu bewältigen, brauchen manche Kinder mehr Zeit als andere.

Eltern berichteten in unserer Untersuchung von eigener starker Unsicherheit im Zusammenhang damit, dass sie ihr Kind in den Kindergarten gaben. Interessant war für uns, dass sie das eher im Rückblick äußerten, als das Kind den Kindergarten bereits ein halbes Jahr besuchte. Beim Eintritt selbst waren sie mehr darauf konzentriert, wie es dem Kind gehen würde. In der Rückschau hieß es etwa: »Jetzt merke ich, wie erleichtert ich bin, dass alles gut gegangen ist und gut geht …«

Trennungsängste sind systematisch in der Bindungsforschung untersucht worden. Hier ergeben sich Anknüpfungspunkte zu den Grundlagen von Erickson und der Stresstheorie, die wir ebenfalls bereits angesprochen haben. Untersuchungen zur Trennungsangst betreffen durchwegs kleinere Kinder und kurzzeitige Trennungen. Wir stellen im Folgenden einige einschlägige Forschungsergebnisse vor.

Kindliche Trennungsängste und Bindungssicherheit

Bindungsunsichere Kinder im Alter von drei Jahren zeigten in einer Untersuchungssituation mit kurzzeitiger Trennung von der Mutter, dass sie den Weggang ihrer Mutter viel öfter als sicher gebundene Kinder erfolgreich verhinderten. Das wird als Hinweis darauf gewertet, dass unsicher gebundene Kinder der Anwesenheit der Mutter bedürfen, um die Balance zwischen Anhänglichkeitsverhalten und Erforschung der Umwelt herzustellen. Das unsicher gebundene Kind benötigt Energie dafür, seine Mutter zu »überwachen« und verfügt weniger über ein auf Sicherheit gründendes autonomes »Ich«. Eine sichere Bindung führt demgegenüber dazu, dass sich das Kind am Ende des dritten Lebensjahres (oder früher) frei fühlt, auf die Anwesenheit der Mutter verzichten zu können und eine neue Umgebung zu erkunden. Unsicher gebundene Kinder können erst später als sicher gebundene Kinder und vermutlich nur in einer vertrauten Umgebung über ihre eigenen Wünsche, Absichten und Gefühle offen kommunizieren.[26] In einer neuen Umgebung werden sie sich dann offener mitteilen, wenn sie sich vertrauter fühlen. Wenn dies später geschieht, kommt ihnen eine fortgeschrittenere sprachliche Entwicklung hierbei zugute.

Bei der Wiederbegegnung mit der Mutter nach der kurzen Zeit herrschte bei den sicher gebundenen Kindern eher eine positive, bei den unsicher gebundenen Kindern eher eine negativ getönte Gefühlslage vor.

---

[26] Hédervári, 1995

Trennungsängste von Müttern

Trennungsängste bei kurzzeitigen Trennungen von ihren Kindern bewegen naturgemäß auch Eltern. Für Mütter ist dieses Thema aus bindungstheoretischer Sicht behandelt worden[27], für Väter leider noch nicht. In einer Untersuchung mit Krippenkindern in Berlin wurde gefunden, dass diejenigen Kinder in der Krippe mehr Ängstlichkeit und Irritierbarkeit zeigten, deren Mütter mehr Trennungsangst aufwiesen.[28] Zusammenhänge zwischen Trennungsängsten der Mütter und dramatischeren Reaktionen der Kinder auf die alltäglichen Trennungssituationen beim Bringen in die Krippe oder in den Kindergarten sind von Praktikern immer wieder hergestellt worden. Bei Müttern, die sich leichter von ihren Kindern trennen können, würden dann auch die Kinder weniger dramatisches Verhalten zeigen.[29] Eine Studie mit dreijährigen Kindern bestätigte einen Zusammenhang von Trennungsängsten und Bindungssicherheit: Mütter mit sicher gebundenen Kindern äußerten weniger Trennungsangst als Mütter von unsicher gebundenen Kindern. Letztere zeigten mehr Trennungsangst.[30]

In unserer eigenen Befragung von Erzieherinnen wurde unter den Umständen, die die pädagogische Arbeit mit den Kindern erschwerten, am häufigsten (von 90 % der Erzieherinnen) genannt »neue Mütter, die sich von ihren Kindern nicht lösen können«. Diese Aussage fiel deutlich häufiger als das Problem, das erst an fünfter Stelle (von ca. 70 % der Erzieherinnen) genannt wurde: »Neu aufgenommene Kinder können sich von ihren Müttern nicht lösen.«

Trennungsangst bei Müttern wurde durch die Frage erfasst, ob die Mütter bei einer Trennung von ihren Kindern Kummer, Traurigkeit oder Schuldgefühle empfänden. Zwischen Bindungssicherheit und Berufstätigkeit der Mutter gab es keine Zusammenhänge, d.h. Kinder konnten sicher oder unsicher an ihre Mütter gebunden sein, egal ob die Mutter erwerbstätig war oder nicht. Nicht berufstätige Mütter äußerten aber mehr Angst vor einer Trennung vom Kind, die durch eine Erwerbstätigkeit bedingt werden könnte.

Trennungsängste der Mütter waren übrigens nicht stabil, sondern erschienen beeinflusst vom Heranwachsen des Kindes, ihrer Erfahrung mit der Mutterrolle, ihrer Gesundheit und ihrer Zufriedenheit in der Partnerschaft. Auch die Bindungserfahrungen der Mütter mit den Bindungspersonen ihrer eigenen Kindheit spielte eine Rolle.[31]

---

[27] ebd.
[28] Laewen, 1994
[29] Berger, 1997
[30] Hédervári, 1995

---

[31] ebd.

Zusammengefasst:
Starke Gefühle im Zusammenhang mit Übergängen in der Familienentwicklung sind normal. Das betrifft Gefühle des Abschiedes, auch von Verlust, eventuell auch des Unbehagens, das Kind jemandem anzuvertrauen, den das Kind und die Eltern selbst noch nicht so gut kennen. Daneben steht die Vorfreude, die Aufgeschlossenheit für Neues, die Hoffnung und positive Erwartung, dass es dem Kind im Kindergarten gut gehen wird und es dort viel lernt.

⌂ Hinweise für die Kindergartenpraxis
Zunächst gilt, was wir schon im Abschnitt über Bindungsqualität ausgeführt haben: Für den Eintritt in den Kindergarten bleibt zu betonen, dass Kinder und Eltern mit der Trennungssituation unterschiedlich umgehen. Daher sollten sie sich in ihnen gemäßer Weise mit der neuen Situation vertraut machen und Sicherheit gewinnen können: Einige Kinder wollen etwas länger als andere, dass ihre Mutter oder ihr Vater verfügbar ist. Die Unsicherheit von Eltern, sich von ihren Kindern zu trennen, kann angesprochen werden. Dabei kann es darum gehen, eventuelle Schuldgefühle zu nehmen, die Mütter

Auch den Müttern fällt die Trennung manchmal schwer.

haben können, wenn sie ihr Kind wegen einer Erwerbstätigkeit in den Kindergarten bringen. Von einer Beruhigung und der Sicherheit der Eltern sind wiederum positive Auswirkungen auf die Gefühle der Kinder zu erwarten.

Zu betonen ist ferner, dass neben Angstgefühlen auch Freude und Stolz eine große Rolle spielen, die nicht übersehen werden dürfen. Weil das Miterleben von Angst und Weinen stark betroffen macht, stehen diese Fragen oft im Vordergrund. Dabei sind es insgesamt nur wenige Kinder, die weinen, wenn sie in den Kindergarten kommen. Das belegen wir im nachfolgenden Abschnitt über kindliche Reaktionen.

Lässt man als pädagogische Fachkraft Trennungsreaktionen bei Kindern und Eltern zu, wird man selbst stärker davon betroffen. Die Erzieherin kann dies zum Anlass nehmen, sich selbst bewusst mit den eigenen Gefühlen in diesem Zusammenhang auseinander zu setzen.

Von den Kindern und auch von den Eltern eine Unterdrückung ihrer Gefühle zu erwarten, ist für diese eine zusätzliche Belastung. Stattdessen geht es darum, pädagogisch aufmerksam zu begleiten, wie die übergangsbedingten Gefühle von Unsicherheit und Traurigkeit in den Hintergrund treten und die Freude am Neuen wichtiger werden. Überschreiben ließe sich diese Haltung mit dem Motto »Keine Angst vor Abschieden!«

Die Erzieherin als fachlich qualifizierte Begleiterin des Übergangs

Für die Erzieherinnen bedeutet der Beginn der Arbeit mit der neu zusammengesetzten Gruppe in aller Regel keinen Übergang im eigentlichen Sinne. Zwar ist auch sie unter Umständen von Verlusterfahrungen hinsichtlich der Gruppe als Ganzes, hinsichtlich einiger Kinder oder Eltern betroffen, aber die mit dem Wechsel in der Gruppe einhergehenden Veränderungen haben nicht den Charakter der Einmaligkeit/Erstmaligkeit. Sie sind mit keinem Wechsel von Status und Identität verbunden, sondern bewegen sich im Rahmen »normaler«, vorhersehbarer Veränderungen beruflicher Routine. Sie ist am Übergang des neu eintretenden Kindes und seiner Familie beteiligt; sie ist die fachlich qualifizierte Begleiterin des Übergangs von Kindern und Eltern.

Die Erzieherin erlebt die neuen Kinder in der Routine des Jahresablaufes: Jüngere und etwas Ältere, Mädchen und Jungen, die sich unterschiedlich verhalten morgens beim Gebrachtwerden, während der Zeit in der Gruppe und beim Abgeholtwerden. Sie erlebt unterschiedliche Eltern – und sie erlebt ihre eigenen Reaktionen in der Begegnung mit Kindern und Erwachsenen. Sie erlebt die starken Gefühle von Kindern und Eltern mit. Wie sie diese erlebt und in der beruflichen Praxis behandelt, hängt auch von ihren persönlichen Erfahrungen und ihrem persönlichen Umgang mit Gefühlen ab. Als professionell Handelnde setzt sie sich sowohl individuell als auch im Team mit ihren eigenen Reaktionen auseinander.

Ihre Rolle ist die der pädagogisch Handelnden. Sie orientiert sich an den individuellen Bedürfnissen des Kindes und seiner Familie. Das Übergangskonzepts schärft das Bewusstsein für Bewältigungsformen und Bewältigungsreaktionen im Zusammenhang mit dem Übergang – insbesondere wenn es um die Bewertung problematischen oder auffälligen Verhaltens geht. Berücksichtigt wird auch, wenn das aufzunehmende Kind einen weiteren Übergang in der Familie bewältigen muss. Wie gesagt: Nicht alle Familien wollen und brauchen alle Formen der Unterstützung.

Im Eingewöhnungsprozess gewinnt die Erzieherin eine Position in der Hierarchie von Beziehungen des Kindes und der Eltern. Über die Gruppe gesehen wird die Intensität (Qualität) der Beziehung zwischen ihr und einzelnen Kindern sehr unterschiedlich sein – von »er liebt sie heiß und innig« bis »er akzeptiert sie«. Für das Kind gehört der Aufbau

Kinder, die noch nicht in die Gruppe integriert sind, suchen häufig Kontakt zur Erzieherin.

einer Beziehung zu seiner Erzieherin zur erfolgreichen Übergangsbewältigung dazu.

Nur in sehr wenigen Antworten in unserer Befragung (11 von 207) wurde die Person der Erzieherin bzw. des Erziehers (oder unpersönlicher das »Personal«) in die Überlegungen, wann ein Kind ein Kindergartenkind geworden ist, mit eingeschlossen. In vier Antworten wurde das Vertrauen des Kindes in die Erzieherin bzw. die Vertrautheit mit ihr angesprochen. In sechs Antworten ging es darum, dass das Kind unabhängig von der Erzieherin geworden sei bzw. die »Loslösung« von der Erzieherin stattgefunden habe. Eine Erzieherin formulierte: »Es lässt sich auch von der Erzieherin trösten.« Damit drückte sie aus, dass die Erzieherin durchaus eine Bindungsperson für das Kind werden kann. In den Stunden, in denen Mutter oder Vater nicht anwesend sind, ist sie die Bezugsperson, die das Kind zur Erlangung von Sicherheit nutzen kann, wenn es sich in einem Zustand der Verunsicherung befindet und seine eigenen Ressourcen erschöpft sind.

Die geringe Zahl der Antworten zur Person der Erzieherin im Eingewöhnungsprozess kann als Anregung verstanden werden, für sich selbst bzw. im Team zu reflektieren, welche Art von Beziehungen für Erzieherinnen in der Interaktion mit dem Kind und seiner Familie wünschenswert ist und wie diese erreicht werden kann. Zusammenfassend kann gesagt werden: Im Bewältigungsstreben von Kindern und Eltern kommt der Erzieherin eine Schlüsselposition zu.

Kapitel 3
Die Reaktionen von Kindern beim Eintritt in den Kindergarten

Zunächst geben wir einen kurzen Forschungsüberblick über das Verhalten von Kindern während der Eingewöhnungszeit im Kindergarten.[32] Die vorliegenden Befunde liefern ein recht geschlossenes Bild über das Verhalten in den ersten Tagen, Wochen und Monaten.

Die ersten Tage: Orientierung

Verhalten im Kindergarten

Bei der Verabschiedung von der Mutter beim morgendlichen Bringen reagierten einige Kinder mit Weinen, Anklammern oder anderen Anzeichen von Angst. Eine Beobachtungsstudie zeigte, dass von gerade drei Jahre alt gewordenen Kindern 17 % beim Abschied von der Mutter weinten. Von den Vierjährigen weinte keines.[33] Wolf-Filsinger berichtet, dass weniger als 25 % der Kinder weinten oder andere Zeichen von Angst zeigten.[34]. Peery & Aoki beobachteten bei keinem von 84 Kindern Weinen oder Anklammern am ersten Tag.[35] Allerdings hatten die Kinder keinen fröhlichen Gesichtsausdruck, sondern erschienen gesammelt und beobachtend-abwartend. Wieviele der neuen Kinder weinen, schwankt in mehreren anderen Beobachtungsstudien mithin beträchtlich, es sind in der Regel jedoch nur einige wenige und es gelang den Erzieherinnen meist, weinende Kinder zu beruhigen.

In den ersten Tagen nach der Aufnahme in den Kindergarten standen die Kinder beobachtend am Rande der Gruppe. Eine Ausnahme waren die Kinder, die ein älteres Geschwisterkind oder ein befreundetes Kind in der Gruppe hatten, an das sie sich halten konnten. Im Gruppenraum standen oder saßen die Kinder unbeweglich und mit

---

[32] Die folgende Darstellung fasst die Untersuchungsergebnisse mehrerer Beobachtungsstudien zusammen: vgl. dazu McGrew, 1972 a und b; Feldbaum, Christenson & O'Neal, 1980; Schmidt-Denter, 1985 a und b; Strätz, 1986

[33] Blurton Jones & Leach, 1972
[34] Wolf-Filsinger, 1984
[35] Peery & Aoki, 1982

starrem Blick da, oder sie befingerten verlegen Mund, Nase, Ohren oder Haare. Auf Blickkontakt reagierten sie mit dem Niederschlagen der Augen. Diese typischen Verhaltensweisen traten am ersten Tag besonders häufig auf und wurden in den folgenden Tagen seltener.

Zwölf Kindergartenneulinge wurden von Schmidt-Denter über ein halbes Jahr hinweg darauf hin beobachtet, wie sich ihr Kontaktverhalten in den ersten fünf Minuten nach Betreten des Gruppenraumes entwickelte. Im Vergleich zu Gleichaltrigen, die länger in der Gruppe waren, zeigte sich in ihrem Verhalten ein »regressiver Effekt«, ein scheinbarer Entwicklungsrückschritt: Die Vergleichswerte »scheinen ein Entwicklungsniveau zu kennzeichnen, das deutlich unter dem der Dreijährigen und (aus dem Vergleich mit Kindern in einer Krabbelgruppe) z.T. unter dem der Zweijährigen liegt, die bereits an die Einrichtung angepasst sind.«[36] Die Kontaktformen der Kinder veränderten sich dann im Verlaufe des ersten halben Jahres im Kindergarten beträchtlich und erreichten wieder das Niveau der Gleichaltrigen.

Mädchen wurden in den ersten Tagen häufiger als Jungen dabei beobachtet, dass sie Kontakt zu den Erzieherinnen suchten. Ältere Jungen wiesen die Neuen nicht unmittelbar zurück, erlaubten aber keine Beteiligung an solchen Spielen, die männliche Dominanz ausdrückten, nämlich mit Pistolen spielen oder mit großen Blöcken bauen. Jungen wirkten insgesamt oft ängstlicher und gehemmter als die Mädchen. Sie lachten seltener, gingen weniger umher, schauten nicht so oft zu und nahmen seltener Blickkontakt auf. Öfter wirkten die Kinder in diesen ersten Tagen unbeschäftigt, sie wanderten ziellos umher, hielten ein Spielzeug in der Hand, beschäftigten sich jedoch nicht damit.

Die Neulinge gingen zunächst nicht auf Kontaktangebote ein, wenn sich Kinder aus der Restgruppe intensiv um Kontaktaufnahme mit ihnen bemühten. Die Kontaktaufnahme seitens der älteren Kinder kann auf das Bemühen vieler Erzieherinnen zurückzuführen sein, die Kinder der »alten« Gruppe auf die Ankunft der Neuen vorzubereiten und sie anzuleiten, sich mit den Neuen zu beschäftigen. Es wurden auch Kinder beobachtet, die neugierig auf die »Kleinen« warteten, sich intensiv um sie kümmerten und sie »bemutterten«. Meistens waren das ältere Mädchen, während der Rest der Gruppe meist freundlich-distanziert erschien.[37] Die Neulinge zeigten im Verlauf der ersten Tage allmählich weniger Scheu und Verlegenheit,

---

[36] Schmidt-Denter, 1985 a

[37] Kasten, 1980

Erst mit der Zeit nehmen neue Kindergartenkinder Kontakt zu den anderen Kindern auf.

dennoch sank die Häufigkeit an Kontakten zwischen ihnen und den »alten« Kindern in der Gruppe stark. Das wurde darauf zurückgeführt, dass die Kinder, die sich zuerst viel um die Neuen gekümmert hatten, ihre Bemühungen aufgaben. Die Neulinge reagierten nämlich nicht schnell genug auf ihr Bemühen, sie in das gemeinsame Spiel einzuschließen, so dass die neuen Kinder, wie auch eine zweite Beobachtungsstudie zeigte, häufig isoliert erschienen.[38]

Ebenfalls soziale Scheu in den ersten Tagen ohne Beteiligung am Spiel der anderen und Verlegenheitsgesten wurden von Haefele & Wolf-Filsinger[39] berichtet. Zudem fielen die neuen Kinder durch soziale Ungeschicklichkeit auf: Sie beachteten Regeln nicht, indem sie den Wunsch, bei anderen Kindern mitspielen zu dürfen, nicht in angemessener Form äußerten. Oder sie waren nicht bereit, im Spiel etwas abzugeben oder etwas mit anderen Kindern zu teilen. Sie konnten auch nicht in für die älteren Kinder angemessener Form damit umgehen, wenn sie einem anderen Kind wehgetan oder ihm etwas zerstört hatten.

---

[38] Strätz, 1986

[39] Haefele & Wolf-Filsinger, 1986

Verhalten nach dem Kindergarten zu Hause

Zu Hause erschienen die Kinder zurückgezogen, knüpften weniger Kontakte zu anderen Kindern, wirkten müde oder erschöpft. Sie zögerten das Zubettgehen nicht mehr so häufig hinaus wie vor dem Kindergartenbesuch, wurden von den Eltern seltener als abends »überdreht« erlebt oder als »unruhig-zappelig« beschrieben. Die Eltern schilderten die Kinder als nicht gesprächsbereit, bisweilen abweisend. Das spiegelt wohl nicht nur das Verhalten des Kindes wider, sondern auch das der Eltern, die neugierig fragten und hören wollten, wie gut es dem Kind im Kindergarten gefalle. Zu Hause kam in der Regel kein gehäuftes aggressives Verhalten vor. Wutausbrüche wurden seltener.

Die ersten Wochen: Eingliederungsbemühungen

Verhalten im Kindergarten

Das scheinbare »Unbeschäftigtsein« und die Isoliertheit wurden in den folgenden Wochen deutlich seltener und waren nach der vierten Woche kaum noch zu beobachten. Statt des Unbeschäftigtseins kam jetzt häufiger ein paralleles Spielen vor, bei dem die Kinder nebeneinander, aber nicht miteinander spielten. Das war eine Vorstufe zur aktiven Beteiligung am Gruppengeschehen. Jungen wurden zunehmend öfter im Zusammenspiel mit anderen Kindern beobachtet, während die Mädchen noch relativ häufig allein spielten. Möglicherweise verzögert eine bei Mädchen öfter zu beobachtende stärkere Orientierung an den Erzieherinnen die Auseinandersetzung mit der Gruppe. Denkbar ist auch, dass Jungen eher Gruppenspiele, z. B. Fußball, bevorzugen, bei denen mehrere Kinder gebraucht werden.

Weder soziale Scheu noch Verlegenheitsgesten traten bei neu aufgenommenen Kindern in der zweiten Woche auf, das Nichtbeachten von sozialen Regeln nahm deutlich ab. Die Veränderungen zwischen der ersten und zweiten Woche waren dabei am markantesten. Die Kinder begannen, Strategien zu entwickeln, um aktiv Kontakte in der Gruppe, zunächst zu einzelnen Kindern, anzuknüpfen. Sie suchten das Gespräch mit ihnen, erzählten viel, zeigten, was sie konnten, brachten Spielzeug mit, wollten sich interessant und beliebt machen. Die neuen Kinder beteiligten sich auch an Gruppenaktivitäten. Auseinandersetzungen traten auf, die sich auf den Rang in der Gruppe bezogen.

In der Gruppe fielen nach der vierten Woche keine Verhaltensunterschiede zwischen den neuen und den alten Gruppenmitgliedern mehr auf. Dass die Kinder dies anders sehen, werden wir etwas später berichten.

Es kann einige Wochen dauern, bis neue und ältere Kinder zusammen spielen.

Verhalten nach dem Kindergarten zu Hause

In der Studie von Haefele & Wolf-Filsinger zogen sich die Kinder nach vier Wochen zu Hause nicht mehr so häufig zurück. Sie begannen auch, von sich aus zu erzählen. Allerdings berichteten die Eltern immer noch, dass sich die Kinder besonders wohl verhielten und keine Aggressionen zeigten. Abends erschienen sie müder als in der Zeit vor dem Kindergarteneintritt. Die Eltern bemerkten bei den Kindern Anspannung. Sie schilderten sie als unausgeglichen, einige Kinder sogar als niedergeschlagen und traurig. Gemäß den Angaben der Eltern verschwanden diese Erscheinungen nach zwei Wochen nicht, sondern waren nach vier Wochen eher noch ausgeprägter. Die Anspannung, wie sie sich zu Hause zeigte, hielt also lange an. Die Untersuchung beschränkte sich leider auf den Zeitraum bis vier Wochen nach Eintritt in den Kindergarten.

Die ersten Monate: Eingewöhnung

Erfahrene und aufmerksame Erzieherinnen nahmen weiterhin Unterschiede zwischen den »alten« Kindern in der Gruppe und den neuen Kindern wahr.[40] Schmidt-Denter beobachtete 52 Kinder in der zweiten Hälfte

[40] Strätz, 1986

Kinder spielen im Kindergarten am liebsten mit Gleichaltrigen.

des Kindesgartenjahres. Die Fünfjährigen waren vor allem für die dreijährigen neuen Kinder sehr attraktiv, und die Jüngeren machten eine Reihe von Kontaktangeboten. Die Älteren ignorierten die Kontaktangebote der Kleineren eher oder die Kontakte blieben kurz. Die Vierjährigen waren für die Kontaktangebote der Jüngeren offener. Kamen hier Kontakte zustande, führten sie zu längeren Interaktionen.

In einer zweiten Beobachtungsstudie an 12 Kindern stellte Schmidt-Denter fest, dass der Erstkontakt von Kindern zu den Gleich-altrigen sich während des ersten halben Jahres stark veränderte. [41] Zu Beginn hatten die Neulinge beim morgendlichen Eintreffen in den Kindergarten zwei Möglichkeiten: Sie mussten von sich aus Kontakte aufnehmen oder sie blieben isoliert. Vom zweiten Monat an wurden sie zunehmend von anderen Kindern begrüßt. Sie hatten also bereits eine Position in der Gruppe eingenommen bzw. eine anfängliche Randposition verbessert.

---

[41] Schmidt-Deuter, 1985 b

In einer Untersuchung des Staatsinstituts für Frühpädagogik in Bayern wurde wochenweise die Häufigkeit von Interaktionen zwischen den Kindern eingeschätzt. Danach wiesen noch ein halbes Jahr nach Eintritt in die Einrichtung die »Neuen« deutlich niedrigere Werte für Interaktionshäufigkeit auf als die »Alten«.[42]

Die »alten« Kinder unterschieden oft noch nach Monaten zwischen sich und den »Neulingen« oder »Kleinen«.[43] Auf die Frage, mit wem sie am liebsten zusammen spielten, nannten sie »neue« Kinder nur halb so häufig, wie es deren Anteil in der Gruppe entsprochen hätte. Und diese Bevorzugung der anderen älteren Kinder trat nach vier Monaten noch in demselben Ausmaß auf. Eine feindselige Haltung war dabei nicht zu spüren. Die neuen Kinder hingegen unterschieden nicht in ihren Kontaktangeboten zwischen anderen Neulingen und älteren Gruppenmitgliedern – aus ihrer Sicht waren alle Kinder gleichermaßen neu. Etwa drei Monate nach dem Eintritt der neuen Kinder in den Kindergarten beobachtete McGrew, dass in der Kindergruppe eine Rangbildung erfolgt war.

In der nordrhein-westfälischen Stichprobe von Kindergartenkindern zeigten sich keine größeren Schwierigkeiten von jüngeren Neulingen (Dreijährigen) als bei den älteren Neulingen (Vier- und Fünfjährige). Anfänglich noch vorhandene Unterschiede, dass jüngere Neulinge seltener als liebste Spielpartner genannt wurden als ältere, hatten sich nach vier Monaten verloren.[44] Kinder, die erst im Alter von viereinhalb oder fünf Jahren in den Kindergarten kamen, hatten es bei der Integration nicht leichter als die Jüngeren. Auch in der bayerischen Untersuchung unterschieden sich in der Kindergartengruppe ein halbes Jahr nach dem Eintritt neu aufgenommener drei- bis sechsjährige Kinder *nicht*[45] in der Interaktionshäufigkeit.

⌂ Hinweise für die Kindergartenpraxis

Zusammenfassend halten wir fest: Die Bewältigung des Übergangs zeigt sich über das erste halbe Jahr hinweg in Verhaltensänderungen, die deutlich als Zuwachs an Kompetenz zu erkennen sind. Insgesamt weinen *wenige* Kinder morgens beim Gebrachtwerden. Das ist wichtig festzuhalten, weil das Weinen von Kindern Eltern und Erzieherinnen stark betroffen macht und Irritationen auslöst. Die Dauer des Eingewöhnungsprozesses in die Gruppe ist unabhängig vom Alter des Kindes. Das Bemühen der Kinder, den neuen Anforderungen gerecht zu werden,

---

[42] Minsel, 1996
[43] Strätz, 1986

[44] Strätz & Schmidt, 1982
[45] Minsel, 1996

hat Auswirkungen auf das Verhalten zu Hause. Wenn Eltern und Erzieherinnen sich über die Reaktionen des Kindes in der jeweils anderen Umgebung austauschen, bekommen sie ein ganzheitlicheres Bild vom Bewältigungsprozess des einzelnen Kindes.

Die älteren Kinder differenzieren noch länger zwischen sich und den »Neuen«, als dies Erzieherinnen auffallen mag – deswegen darf die Wachsamkeit der Erzieherin hinsichtlich der Isolierung eines Kindes nicht allzu bald nachlassen!

Kapitel 4
Kindergartenkinder als Gesprächspartner

In unserer Untersuchung zum Übergang von der Familie in den Kindergarten wollten wir auch die Perspektive der Kinder berücksichtigen. Wir wollten von ihnen selbst erfahren, wie sie den Eintritt in den Kindergarten erleben.

Eine in der Gesprächsführung mit Kindern erfahrene Erzieherin hatte die Aufgabe übernommen, in zwei Einrichtungen über einen Zeitraum von sieben Monaten regelmäßig mit den Kindern zu sprechen. Die ursprüngliche Idee war gewesen, nach einer Phase des Kennenlernens mit den neu eingetretenen Kindern einen Gesprächskreis zu bilden. Einige der älteren Kinder gesellten sich aber regelmäßig dazu und wünschten sich dringend mitmachen zu dürfen. So ergaben sich zwei Gruppen von fünf bis acht Kindern im Alter von drei bis fünf Jahren, wobei sich herausstellte, dass »In-den-Kindergarten-kommen« auch für die älteren Kinder ein spannendes Thema war, zu dem diese sich ebenfalls gerne mitteilen wollten.

Der partnerschaftliche Austausch mit Kindern. Ein Erfahrungsbericht
Saskia Prechtl

In den ersten Gesprächen gestaltete es sich als sehr schwierig, die Kinder thematisch direkt zum Eintritt in den Kindergarten zu befragen. Wir lernten zunächst die Namen, machten Fingerspiele oder sprachen über andere Dinge, die an diesem Tag wichtig waren. Zum Einstieg wurde alles aufgegriffen, was die Kinder spontan von sich aus äußerten und fragten. Währenddessen wurde allmählich versucht, zu den Fragestellungen der Untersuchung überzuleiten und natürlich waren dies für beide Seiten wichtige Themen:

- Wie gefällt es dem Kind im Kindergarten?
- Was ist im Kindergarten anders als zu Hause?
- Mit wem spielt das Kind?
- Wer sind die Freunde?
- Wie ist die Beziehung zu den Erzieherinnen?
- Was sind Unterschiede zwischen der Mutter und einer Erzieherin?
- Was ist ein Kindergartenkind?

- Was ist im Kindergarten anders am Tagesablauf als zu Hause?
- Was kann, was darf, was muss das Kind im Kindergarten tun?
- Was wünscht sich das Kind vom Kindergarten?
- Wie wird ein Kind zum Kindergartenkind?
- Welches neue Selbstbewusstsein gewinnt es? (Ich-Stärke)
- Welche Gefühle hat es? (z.B. Stolz, Trauer, Freude)

Die ersten Male brachte ich gelochte Karten mit, auf die ich jedes Mal ein »Lieblingswort« der Kinder schrieb. Diese Karten wurden auf ein Lederband gefädelt und vorgelesen; dann erfanden wir zusammen lustige und spannende Geschichten dazu. Diese »Wörterkette« war ein besonderer Schatz für die Kinder, und sie versteckten ihn von Woche zu Woche an geheimen Plätzen. Ich brachte nie etwas anderes in die Gruppe mit als Papier, Stifte und ein Buch zum Vorlesen. Es wurden also keine Anreize gesetzt, die die Gespräche beeinflusst hätten, noch gab es irgendwelche Verstärker für besondere Leistungen der Kinder oder für ihre Beteiligung.

Ein kleines Tonbandgerät mit Mikrofon war bei jeder Gesprächsrunde dabei. Die Kinder liebten es, hineinzusprechen und hineinzusingen und das Aufgenommene immer wieder zu hören.

Am Ende jedes Besuchs vereinbarte ich mit den Kindern, was wir beim nächsten Termin besprechen wollten.

Die Kommunikationssituation entwickelte sich mit der Zeit zu einem partnerschaftlichen Austausch mit den Kindern, dem folgende Prinzipien zugrunde lagen:

- Zuhören, auf Meinungen, Gefühle, Belange und Probleme des Kindes eingehen
- sich in die Rolle des Kindes versetzen und sich in seine Situation einfühlen
- sich sprachlich so ausdrücken, dass Kinder es verstehen können: nicht selbst zu viel und zu schnell reden bzw. schon vorweg Antworten geben
- Kinder ausreden lassen, auch wenn es ausführlicher wird
- die Kinder als Partner ansprechen
- Schüchterne ermuntern und Forsche etwas bremsen
- Vorschläge und Anregungen geben, keine Befehle und Anordnungen
- Kritikfähigkeit sich selbst gegenüber und die Bereitschaft, eine vorgefasste Meinung immer wieder zu ändern.

Im Gespräch haben die Kinder mir deutlich gezeigt, dass sie zwischen echten Fragen, die die Kinder als Person ernst nehmen, und rhetorischen Fragen, von denen sie wissen, dass die Fragende die Antwort längst weiß, genau unterscheiden. Ein Beispiel:

»Also jetzt hör mal zu: natürlich ist es hier anders, als zu Hause. Ich finde die Frage doof. Sind zu Hause etwa so viele Kinder, und so große Zimmer und eben?« (Junge, 4;6)

Folgende Fähigkeiten und Fertigkeiten wurden gleichzeitig bei den Kindern angeregt:
- sich und andere besser kennen und verstehen zu lernen;
- eine Situation gut einschätzen zu lernen;
- Situationen ihres Lebensalltags selbstständiger und erfolgreicher bewältigen zu können;

- sprachliche Fähigkeiten zu vertiefen, die das Kind bereits erworben hat;
- den Erfahrungshorizont zu erweitern;
- die Freude an der sprachlichen Kommunikation mit anderen Kindern zu steigern;
- Probleme und Gefühle zu äußern.

Im gemeinsamen Gespräch lernen die Kinder allmählich, ihre Situation und ihre Umgebung nicht nur vom eigenen Standpunkt aus zu betrachten, sondern auch aus der Perspektive der anderen Kinder. Sie erfahren dabei, dass es meist mehrere Gesichtspunkte zu einem Sachverhalt gibt. Durch diesen gegenseitigen Austausch werden die soziokog-

In der Kleingruppe die Situation der Neuen zu thematisieren, hilft den Übergang zu bewältigen.

nitive Entwicklung und die Sprachentwicklung gefördert.

Die partnerschaftliche, freundliche und liebevolle Art miteinander umzugehen ist keine Selbstverständlichkeit und setzt Aufgeschlossenheit und Bereitschaft für das Risiko neuer Erfahrungen voraus. Das Kind kann so eigene Lösungen finden oder einen wichtigen Beitrag zur Lösung eines gemeinsamen Problems leisten. Innerhalb von vier Monaten hatten alle »Kleinen« den Übergang in den Kindergarten bewältigt, d. h. keines weinte mehr beim Abschied von der Mutter. Sie hatten Freunde gefunden und waren in ihre Gruppe integriert.

Der Wert der Kleingruppengespräche

Die Gruppenerzieherinnen äußerten der Interviewerin gegenüber bei einer Nachbefragung, dass sie froh gewesen seien, dass diese Kinder in der Kleingruppe ihren Übergang in den Kindergarten reflektieren konnten. Wichtig sei es gewesen, dass die beteiligten Kinder etwas »Besonderes« für sich hatten. Die Kollegin als Interviewerin war von den Erzieherinnen als hilfreiche Unterstützung bei der Eingewöhnung der neuen Kinder erlebt worden und sie wünschten sich, das partnerschaftliche Gespräch mit den Kindern könnte alljährlich wiederholt werden.

⌂ **Hinweis für die Kindergartenpraxis**
Je jünger Kinder sind, desto seltener werden sie in wissenschaftlichen Untersuchungen direkt gehört, vielmehr ist die Beobachtung ihres Verhaltens die bevorzugte Methode. Im Kapitel *Die Reaktionen von Kindern beim Eintritt in den Kindergarten* wurden einige Ergebnisse aus Untersuchungen mit Verhaltensbeobachtungen zusammengefasst. Die Gründe für die seltene Berücksichtigung der Perspektive junger Kinder liegen in dem hohen Aufwand an Zeit und Personal für eine relativ kleine Anzahl von befragten Kindern, denn das direkte Gespräch erfordert
- besondere Fertigkeiten in der Gesprächsführung,
- eine beträchtliche Zeit der Vorbereitung bis eine gewisse Vertrautheit zwischen Kind und »Interviewer« entsteht, die das Gespräch ermöglicht,
- einen flexiblen Zeitrahmen, der auch Raum für Themen lässt, die die Kinder mitbringen.

Diese Voraussetzungen sind im Alltag einer Kindertagesstätte sozusagen »von Natur aus« gegeben und ein Gesprächskreis mit Kindern ist relativ leicht einzurichten. Die Äußerungen von Kindern, die wir als Zitate aus den Gesprächen isoliert und quer durch das Buch den einzelnen Bereichen des Übergangs zugeordnet haben, sollen nicht nur als Illustration der kindlichen Perspektive, sondern auch als Anregung dazu dienen, mit den Kindern selbst den Übergang zu thematisieren. In den Äußerungen der Kinder sind wichtige Hinweise für die Arbeit mit der Gruppe und für eine Unterstützung der Übergangsbewältigung zu finden:

- Belege dafür, wie relevant der Übergang im Erleben des Kindes ist;
- Aufschlüsse darüber, wie Kinder den neuen Anforderungen begegnen;
- wichtige Rückmeldungen an die Eltern über den Stand der Eingewöhnung und die Befindlichkeit ihres Kindes;
- Anregungen zur Reflektion der pädagogischen Arbeit.

Schließlich ist ein solcher Gesprächskreis eine Möglichkeit, den Übergang durch eine offene und zugewandte Kommunikation zu begleiten und zu unterstützen.

Kapitel 5
Praxistipps zur Vorbereitung und Eingewöhnung von Kindern und Eltern

Im Folgenden stellen wir Verfahren zur Vorbereitung und zur Eingewöhnung von Kindern vor, die wir im Rahmen unserer Untersuchung erhoben haben oder von denen pädagogische Fachkräfte in Fortbildungen berichteten. Es handelt sich dabei durchwegs um Maßnahmen und Ideen, die in verschiedenen Einrichtungen bereits umgesetzt werden. Ein Erfahrungsaustausch zwischen den Einrichtungen im Hinblick auf die praktische Vorgehensweise ist wertvoll. Daher geben wir die Auflistung hier wieder. Wir haben diese Verfahren nach dem Ablauf des Kindergartenjahres geordnet.

Betonen wollen wir:
- Nicht alle Kinder und Eltern brauchen alles.
- Und nicht jede Einrichtung kann alles anbieten.

Es muss immer eine möglichst günstige »Passung« gefunden werden zwischen den Bedürfnissen der Familien und den Möglichkeiten und dem Konzept der Einrichtung. Vielleicht können Anregungen aufgegriffen werden, neue Erfahrungen mit alten verglichen und dadurch die »Passung« verbessert werden.[46]

Unterstützungsmaßnahmen für die Kinder

- Von den neuen Kindern werden bei der Anmeldung die Umrisse der Füße auf Karton übertragen, farblich ausgefüllt, namentlich gekennzeichnet und im Kindergarten sichtbar angebracht als Symbol für die neu kommenden Kinder; die »älteren« können ihrerseits Fußabdrücke anfertigen und mit den anderen vergleichen.

- Die neuen Kinder werden zu Besuchen eingeladen.

- Ein Gruppensymbol wird dem Kind schon bei der Anmeldung mitgegeben als Zeichen für die Zugehörigkeit zu einer bestimmten Gruppe, in die es kommen wird.

---

[46] zum Folgenden vgl. auch Longardt, 1985, und Haefele & Wolf-Filsinger, 1994

Paten aus den Reihen der Großen erleichtern Neulingen die Eingewöhnung.

- Bastelgegenstände, die die Eltern bei einer Einführungsveranstaltung angefertigt haben, werden für das Kind mitgegeben.

- Ein Gegenstand aus dem Kindergarten darf vom Kind ausgesucht und mitgenommen werden; diesen bringt es dann beim Eintritt in den Kindergarten wieder zurück.

- Bastelgegenstände, die das Kind bei seinem Besuch gebastelt hat, werden ihm mitgegeben.

- Das Garderobensymbol wird dem Kind mitgegeben.

- Bastelgegenstände, die die Erzieherinnen angefertigt haben, werden dem Kind mitgegeben.

- Bastelgegenstände, die die »alten« Kinder angefertigt haben, werden für das Kind mitgegeben.

- Zur Vorbereitung der »Restgruppe« findet ein Gespräch in Form einer Kinderkonferenz statt. Ältere Kinder werden als »Paten« einzeln neuen Kindern zugewiesen, sie sollen sich in der ersten Zeit um ihr »Patenkind« kümmern und ihm Räumlichkeiten, Materialien, Tagesablauf, Aktivitäten, andere Kinder auf der Gleichaltrigenebene vertraut machen.

- Fotos der neuen Kinder werden angefertigt und im Kindergarten sichtbar angebracht – als Zeichen für die »alten« Kinder und für die Erzieherinnen, wer im nächsten Kindergartenjahr neu in die Gruppe kommen wird.

- Der Situation der neuen Kinder während der Übergangsphase soll allgemein mehr Aufmerksamkeit gewidmet werden.

- Gestaffelte Aufnahme muss organisiert und den Eltern nahe gebracht werden.

- Aufnahme nicht zu festen Terminen, sondern mehr über das Jahr verteilt; daraus folgend Angebote für neue Familien ebenfalls über das Jahr verteilen.

- Briefe mit Einladungen zu verschiedenen Angeboten werden an die neuen Kinder direkt adressiert.

Unterstützungsangebote für die Eltern

- Ausführlichere Informationsschrift für Eltern anbieten.

- Schriftliche Information auch über das Konzept der Einrichtung und davon abgeleitete Gedanken für Eingewöhnungszeit zusammenstellen.

- Neue Familien nicht erst zum Sommerfest, sondern schon zu früheren Anlässen oder Festen (z.B. Weihnachtsbasar) einladen.

- Einen Tag der offenen Tür veranstalten und gezielt neue Eltern einladen.

- Anmeldung im Februar, in dieser Zeit Kontaktangebot für alte und neue Eltern mit Kennenlernspielen.

- Im Frühjahr wird vom Elternbeirat für vier Wochen ein Elterncafé eingerichtet (ganztägig), in das auch neue Eltern eingeladen werden und in dem gelegentlich Erzieherinnen anwesend sind.

- Vorabinformationen über mögliche Reaktionen der Kinder beim Eintritt in den Kindergarten im Mai.

- Alle vier Wochen wird vor allem für neue Eltern ein Elterntreff organisiert, die dort »alte« Eltern kennen lernen können, im Sommer möglichst im Garten.

- Sommerfeste bereits mit aktiver Mithilfe neuer Eltern gestalten.

- Gezieltes Einladen neuer Eltern zu Kindergartenveranstaltungen und Einla-

Neue Eltern können die Einrichtung bei einem „Tag der offenen Tür" kennen lernen.

dung für neue Eltern zum Elternabend ab
der Anmeldung im Kindergarten.

• Information für neue Eltern noch vor der
Anmeldung.

• Die Anmeldewoche wird mit Angeboten
für die Kinder kombiniert.

• Neuen Eltern Kindergartenerfahrungen
durch Besuche in der Gruppe bieten.

- Während der Schnupperwoche wird ein Elterncafé eingerichtet.

- Schnuppernachmittag mit parallel laufender Elternarbeit, dabei mehrere Termine (Anläufe) anbieten.

- Im Frühjahr: Auf Elternabend die Gefühle von neuen Eltern thematisieren.

- Spielabende für alle Eltern.

- Informationsabend im Frühsommer.

- Eltern dürfen nach dem Einführungselternabend mit den jeweiligen Erzieherinnen in die zukünftigen Gruppenräume und können dort in kleinerem Kreis das Gespräch fortsetzen.

- Produkte, die neue und alte Eltern während eines Elternabends angefertigt haben, werden für die Kinder ausgestellt.

- Alle Eltern ziehen Kärtchen, auf denen Arbeitsaufträge zur Erkundung des Kindergartens und Durchführung von Aktivitäten formuliert sind.

- Elternquiz über den Kindergarten: Ein Behälter mit Fragen-Kärtchen wird zwischen den Eltern hin- und hergeworfen; die Eltern ziehen jeweils Kärtchen und sollen Fragen beantworten.

- Für Großeltern werden in Zusammenhang mit Kindergartenaktivitäten Angebote gemacht.

- Zu Beginn des Kindergartenjahres werden Nachmittage speziell für neue Eltern angeboten. In gruppenübergreifenden Kleingruppen kann man Themen der Übergangsbewältigung reflektieren.

- Die Erzieherin und die zweite Kraft teilen sich die Zuständigkeit für neue Eltern auf, damit niemand »übersehen« wird.

- Elterngespräche bereits 4 bis 6 Wochen nach Kindergarteneintritt und Austausch über die Situation des Kindes in der Einrichtung und zu Hause sowie über die Situation der Eltern.

- Die Kooperation mit Vereinen, Kinder-Kreisen, Mutter-Kind-Gruppen, Beratungsstellen, Volkshochschule usw. fördert die Vernetzung des Gemeinwesens und auch die Vertrautheit neuer Familien mit dem Kindergarten.

In ländlichen Gebieten, auf dem Dorf, ist die Situation völlig anders als in der Stadt. Hier kennen sich die Familien in der Regel schon, es gibt weniger Probleme mit »neuen« Eltern und Kindern und Informationen über den Kindergarten sind allgemein bekannt. Entsprechend ist dort natürlich nur ein Teil der vorgeschlagenen Maßnahmen sinnvoll.

Kapitel 6
Dialog von Anfang an –
Elternarbeit während des Übergangs

Nicht nur die Kinder – auch die Eltern kommen in den Kindergarten, sogar in zweifacher Hinsicht: Zum einen gestalten sie den Übergang ihres Kindes mit, zum anderen müssen sie selber Kindergarteneltern werden. Wenn Erzieherinnen gefragt werden, welche Anforderungen für Eltern mit dem Einritt in den Kindergarten verbunden sind, so äußern sie unter anderem: »Eltern müssen eine vertrauensvolle Beziehung zur Erzieherin aufbauen«. Der Dialog von Anfang an schafft nicht nur eine Basis für eine vertrauensvolle Beziehung. Er ist eine wichtige Quelle für Informationen, die nötig sind, um durch pädagogisches Handeln die Übergangsbewältigung von Kindern und Eltern zu unterstützen und eine produktive Elternarbeit einzuleiten.

Informationsbedarf in der Übergangsphase

Menschen, die sich in einer Übergangsphase befinden oder diese vor sich sehen, haben ein verstärktes Informationsbedürfnis. Die Suche von Informationen, ihre Bewertung sowie ihre Nutzung für das Meistern neuer Anforderungen kann als Bewältigungsstrategie bezeichnet werden. Für Erzieherinnen ist die Versorgung neuer Eltern mit Informationen eine Selbstverständlichkeit, die zu ihrem Berufsalltag gehört. Aber Erzieherinnen beklagen auch Erschwernisse für die eigene Arbeit durch fehlende oder unzureichende Information über das neue Kind und seine Familie.

In unserer Studie haben wir den Informationsfluss zwischen Einrichtung und Familie untersucht. Wir wollten erfahren, wie der Informationsaustausch bei der Neuaufnahme und während der Zeit der Eingewöhnung die pädagogische Arbeit der Erzieherin unterstützt. In diesem Kapitel werden wir

- einen Überblick darüber geben, zu welchen Themen und zu welchen Zeitpunkten Information von Erzieherinnen gegeben und erhoben wurden.
- Wie werden der Frage nachgehen, ob die Initiative für das Gespräch über bestimmte Inhalte von Erzieherinnen oder Eltern ausging.

- Wir werden eine kritische Würdigung im Hinblick auf übergangsrelevante Fragestellungen vornehmen. Dabei soll es nicht nur um eine möglichst effektive Information der Eltern gehen. Es soll auch gefragt werden, welche Informationen die Erzieherin für ihre Arbeit mit neu eintretenden Kindern und Eltern braucht.

In diese kritische »Bestandsaufnahme« sind sowohl die Fragebogen-Antworten von Gruppenleiterinnen aus 133 bayerischen Einrichtungen als auch die Auswertung von 74 Beispielen schriftlichen Informationsmaterials, welches uns in anonymisierter

Regelmäßiger Informationsaustausch zwischen Eltern und Erzieherin ist gerade in der Übergangsphase wichtig.

Form zur Verfügung gestellt wurde, eingeflossen. Außerdem konnten wir die Formulare für Vormerkungen und Anmeldungen von 95 Einrichtungen auswerten.

⌂ Hinweis für die Kindergartenpraxis
Vor dem Hintergrund dieser kritischen Bestandsaufnahme kann in jeder Einrichtung überprüft werden, wie es um den Informationsaustausch in der Zeit zwischen Anmeldung und Abschluss der Eingewöhnung bestellt ist.
Mit Blick auf das Übergangskonzept kann gefragt werden:
- Welche Informationen brauchen die Eltern, um den Übergang besser bewältigen zu können?
- Welche Informationen brauchen wir, um Kinder und Eltern möglichst optimal zu unterstützen?
- Wann ist der richtige Zeitpunkt um Informationen zu geben bzw. zu erheben?
- Welche Vorgehensweise und welche Methoden sind für unsere Einrichtung am besten geeignet?
- Wie fließen sie in unsere Arbeit ein?

Außerdem sind bei jeder Erhebung von Daten über Kinder und deren Familien sowie bei der anschließenden Nutzung die Vorschriften des Sozialdatenschutzes zu berücksichtigen, auf die wir im Folgenden ebenfalls eingehen werden.

Wann erhalten Eltern welche Informationen?

Der Informationselternabend

Einige Einrichtungen veranstalten einen allgemeinen öffentlichen Informationselternabend vor den Anmeldeterminen. Eltern haben dort die Möglichkeit, sich über die Arbeit der Einrichtung, die Struktur und Organisation, die Räumlichkeiten zu informieren und die Mitarbeiter/-innen kennen zu lernen.

⌂ Hinweis für die Kindergartenpraxis
Der Termin der Informationsveranstaltung muss einer breiten Öffentlichkeit bekannt gemacht werden. Interessierte Eltern können von der Informationsveranstaltung ein Vormerkungs- bzw. Anmeldeformular mitnehmen und vielleicht auch schon einen Gesprächstermin vereinbaren. Eltern, die an diesem Abend feststellen, dass ihnen die Einrichtung nicht zusagt, werden sich dann auch nicht um einen Kindergartenplatz für ihr Kind bewerben, um dann später doch abzuspringen.[47]
Eltern, die sich um Informationen bemühten, um für ihr Kind eine passende Einrichtung zu finden, beklagten in unserer Befra-

---

[47] Bethge, 1999

gung des Öfteren, dass Informationen nicht immer leicht zu erhalten gewesen seien. »Es war der reine Zufall«, berichtete eine Mutter, die in einem Kindergarten anrief und von einer Informationsveranstaltung am selben Abend erfuhr. Anmeldefristen und -bedingungen bzw. Entscheidungskriterien über die Aufnahme sind von Einrichtung zu Einrichtung unterschiedlich und können nicht zentral abgefragt werden.

Das Anmelde- bzw. Aufnahmegespräch

Die Intensität der Elterngespräche während des Aufnahmeverfahrens ist nach unseren Untersuchungsbefunden von Einrichtung zu Einrichtung sehr unterschiedlich.

- In 90 % der Einrichtungen wurde ein kurzes Anmeldegespräch geführt.
- In 23 % der Einrichtungen wurde ein Aufnahmegespräch bei noch nicht feststehender Aufnahme geführt.
- In 36 % der Einrichtungen fand ein Aufnahmegespräch bei feststehender Aufnahme statt.
- Bei 75 % der Anmeldegespräche wurden die Räume gezeigt.

Offenbar spielt in vielen Einrichtungen das ausführlichere Elterngespräch am Beginn der Kindergartenzeit keine große Rolle.

Worüber wird bei der Anmeldung gesprochen? Wir haben nach Gesprächsinhalten gefragt, die für neu eintretende Familien bedeutsam sind. Zudem wollten wir wissen, von wem diese Themen ins Gespräch gebracht wurden, von den Erzieherinnen oder von den Eltern. Gefragt wurde nach folgenden Inhalten:

- Pädagogisches Konzept
- Tagesablauf in der Einrichtung
- Unterschiede in der Betreuungssituation zu Hause und in der Einrichtung
- Schwierigkeiten des Kindes mit der ungewohnten Umgebung
- Mögliches unerwartetes Verhalten des Kindes zu Beginn der Kindergartenzeit
- Mögliche Probleme beim Bringen des Kindes
- Unterschiede zwischen den Kindern in einer Gruppe
- Gefühle des Verlustes bei den Eltern
- Unsicherheiten der Eltern über die neuen »Miterzieher« ihres Kindes
- Möglichkeiten der Zusammenarbeit sowie Rechte der Eltern in der Einrichtung

Die Themen, die sich auf die Einrichtung bezogen wie ›Pädagogisches Konzept‹ oder ›Tagesablauf in der Einrichtung‹ ebenso wie solche, die sich auf das Kind in der Einrichtung bezogen wie ›Ungewohnte Umgebung für das Kind‹ oder ›Probleme beim Bringen‹ wurden am häufigsten genannt. Das waren auch die Themen, die die Erzieherinnen von sich aus ansprachen. Bei ›Unterschiede in der Erziehung zu Hause und in der Einrichtung‹, also einem Thema, bei dem es nicht nur um die Einrichtung, sondern auch um die Familie geht, verringerte sich die Gesprächshäufigkeit. Wenn dieses Thema zur Sprache kam, wurde es ungefähr gleich häufig von Erzieherinnen und Eltern angeschnitten. Noch seltener – nur in 10 % aller Gespräche – wurden Themen angesprochen, die sich auf die psychische Situation der Eltern beziehen wie etwa ›Verlustgefühle‹ oder ›Unsicherheiten über Miterzieher‹. Diese Inhalte wurden häufiger von Eltern als von Erzieherinnen thematisiert. In den Antworten der Gruppenleiterinnen spiegelte sich wider, dass die Anmelde- bzw. Aufnahmegespräche im beruflichen Verständnis der Erzieherinnen in erster Linie als eine Informationsquelle für Eltern gesehen wurden, aus der diese Informationen über die Einrichtung und über das Kind in der Einrichtung schöpfen können. Themen, die sich auf das Zusammenwirken von Familie und Einrichtung und auf den Übergang der Eltern (Eltern werden Kindergarteneltern) bezogen, waren eher die Ausnahme. Wahrscheinlich besteht ein großer Unterschied zwischen den Einrichtungen, die nur kurze Anmeldegespräche führen und solchen, die ausführlichere Aufnahmegespräche machen.

⌂ Hinweis für die Kindergartenpraxis
Die Aussagen der Erzieherinnen zeigten, dass nicht in allen Einrichtungen zwischen Anmelde- und Aufnahmegespräch unterschieden wurde. Manchmal schien es vom Zufall oder von der Hartnäckigkeit der Eltern abzuhängen, wie kurz oder ausführlich ein Gespräch wurde.

Eine begriffliche Differenzierung könnte für mehr Klarheit sorgen. So ist zu unterscheiden zwischen einer Vormerkung (die Eltern bekunden schriftlich ihr Interesse an einem Platz für ihr Kind) und einer verbindlichen Anmeldung mit Abschluss eines Betreuungsvertrages.

Kurze Gespräche sowie die Weitergabe von schriftlichen (Erst-)Informationen wie z.B. der Kindergartenordnung sind bei beiden Gelegenheiten möglich. Zu überlegen ist, wann ein ausführlicheres Aufnahmegespräch zum Übergang von Kind und Eltern in die Einrichtung geführt werden soll:

- vor oder nach der verbindlichen Anmeldung?
- vor oder nach einem »Schnuppertermin« für Eltern und Kinder?

Nach Möglichkeit sollte der Termin so gewählt werden, dass beide Eltern an dem Gespräch teilnehmen können.

Der einführende Elternabend

Der einführende Elternabend ist nach wie vor das klassische Forum der Informationsvermittlung.

Alle oben genannten Themen wurden am häufigsten beim Einführungselternabend angesprochen: So sagten 80 % der Gruppenleiterinnen, dass der Tagesablauf in der Einrichtung bei ihnen Gegenstand des Einführungselternabends sei, 77 % nannten das pädagogische Konzept, 73 % sprachen über die Möglichkeiten der Zusammenarbeit zwischen Eltern und Einrichtung. Die *kindbezogenen* Themen wurden von 50 bis 60 % der Erzieherinnen als von ihnen eingebrachte Themen beim Einführungselternabend genannt. Die *elternbezogenen* Themen lagen zwar auch hier am Ende der Häufigkeitsliste (45 % Gefühle des Verlustes und 34% Unsicherheit über Miterzieher), sie wurden aber häufiger von den Erzieherinnen angesprochen als im Anmelde- oder Aufnahmegespräch.

Eindeutig waren die Erzieherinnen diejenigen, die die Inhalte des Einführungselternabends vorgaben: Kein Thema wurde auf dem Einführungselternabend häufiger von Eltern als von Erzieherinnen angesprochen. Aus unseren Daten geht hervor, dass der Einführungselternabend die bevorzugte Plattform der Erzieherinnen zur Informationsvermittlung ist.

Wie erleben Eltern den Einführungselternabend? Dass Eltern sich beim Einführungselternabend eher in einer passiven Rolle befinden, bringen Struktur und Organisation des klassischen Elternabends mit sich. Dieses spiegelte sich auch in den Aussagen der Eltern wider. So berichteten Eltern von einem Gefühl der Überforderung am ersten Elternabend auf Grund der Fülle von Informationen, mit der sie in einem gedrängten Zeitrahmen konfrontiert wurden. Manche scheuten sich nachzufragen, insbesondere dann, wenn auch die »alten« Kindergarteneltern anwesend waren, »für die ja das alles schon bekannt ist«.

⌂ **Hinweise für die Kindergartenpraxis**

Es ist zu überprüfen, ob der Einführungselternabend nicht zu sehr überfrachtet ist. Erzieherinnen müssen damit rechnen, dass ein gewisser Anteil der Informationen nicht bei den Eltern ankommt, wenn zu viel auf einmal zu vermitteln versucht wird. Dann müssen solche Informationen später wiederholt werden, die eigentlich bereits allen Eltern mitgeteilt wurden.

Zu bedenken ist auch, dass der Einführungselternabend häufig (in 65 % der befragten Einrichtungen) vor dem Eintritt der neuen Kinder durchführt wird. Das heißt, die Eltern werden mit einer Vielzahl sachlicher Informationen versorgt, z. B. zum Tagesablauf, aber auch vorbereitend informiert, z. B. über mögliche Schwierigkeiten beim morgendlichen Bringen des Kindes. Da die Eltern aber noch nicht wissen, wie sich ihr Kind verhalten wird und wie es ihnen selbst gehen wird, können sie die Informationen noch nicht auf ihre eigenen Situation beziehen. So wichtig die vorbereitenden Informationen auch sind, sie ersetzen nicht das spätere Gespräch über die individuelle Situation.

Die Elternabende zu Beginn des Kindergartenjahres könnten von den einrichtungsbezogenen Informationen entlastet werden, vor allem, wenn diese Information in übersichtlicher Form auch schriftlich gegeben wird.

Schriftliches Informationsmaterial für neue Eltern

In fast allen Kindertageseinrichtungen wird im Laufe des Anmeldungsprozesses schriftliches Informationsmaterial ausgehändigt. Dies bestätigten 90 % der von uns befragten Gruppenleiterinnen. In den Informationsmaterialien fanden sich in aller Regel Hinweise zu folgenden Themen:

Struktur der Einrichtung:
- Träger und Finanzierung des Kindergartens
- Ausbildung des Personals
- Personalschlüssel und Gruppengröße
- Kriterien für die Vergabe von Plätzen

Organisatorisches:
- Fristen zur An- und Abmeldung
- Kosten

- Öffnungszeiten, Bring- und Holzeiten, Ferien-/Schließzeiten
- Rechte der Eltern in der Einrichtung
- Regelungen bei Abwesenheit des Kindes wegen Krankheit oder Urlaub
- Rechtliche Fragen von Aufsichtspflicht, Haftung, Unfallversicherung
- Tagesablauf
- Kleidung und Ernährung der Kinder
- Dinge, die das Kind am ersten Tag mitbringen soll

Besonders die neuen Kindergarten-Eltern haben einen hohen Informationsbedarf.

Im Zusammenhang mit den Kosten wies eine Einrichtung darauf hin, dass Eltern bei den Kindergartengebühren finanzielle Unterstützung erhalten können, und teilt mit: »Dieser Zuschuss ist eine vom Gesetz vorgesehene Leistung für Familien mit Kindern (wie z.B. BAFöG), also kein Almosen.« Ferner gab es vereinzelt Hinweise auf die Planung der pädagogischen Arbeit über Teamgespräche, Supervision und Fortbildung.

Pädagogische Ziele / Pädagogisches Konzept:

In 62 von 74 Informationsmaterialien wurden *allgemeine Ziele* des Kindergartens und der Elternarbeit genannt. Lediglich in 26 Einsendungen gab es zusätzliche Informationen über das pädagogische Konzept. Diese erschienen nicht selten als Schlagworte, Fachbegriffe ohne Erklärung und programmatische Forderungen (z.B. »Unsere Kindertagesstätte arbeitet auf der Basis einer ganzheitlichen, elementaren, alters- und entwicklungsgemäßen Erziehung und Bildung.«) Oder sie erschienen als Aufzählung von Lernzielen (z.B. „Kritikfähigkeit, Verantwortungsbewusstsein, angemessener Ausdruck von Gefühlen und Bedürfnissen"). Die praktischen pädagogischen Konsequenzen daraus wurden nicht dargestellt. Bisweilen wurden auch Einzelaktivitäten aufgezählt, ohne die dahinter stehenden pädagogischen Überlegungen auszuführen.

Vereinzelt fanden sich Hinweise auf den eigenen Bildungsauftrag des Kindergartens: Aufgaben der Schulen sollten vom Kindergarten nicht vorweggenommen werden; Kinder brauchten viel Freiraum zum spielerischen Lernen. Die Bedeutung des Kindergartenbesuchs für die Entwicklung des Kindes wurde gelegentlich hervorgehoben: Sie sei als eigener Lebensabschnitt zu sehen. Einige Einrichtungen betonten, dass Ziele und Konzeption der Einrichtung von den Eltern mitgetragen werden sollten. Das war vor allem bei Kindergärten der Fall,

- die aus Elterninitiativen hervorgegangen waren,
- die eine bestimmte Form der Pädagogik (z.B. Montessori-Pädagogik) repräsentierten oder
- eine konfessionelle Ausrichtung hatten.

Weitaus seltener fanden wir in schriftlichen Materialien Informationen zu

Kindergartenbereitschaft:

Es wurde darauf hingewiesen, dass die Kinder mindestens drei Jahre alt sein müssen und dass ältere Kinder bei der Vergabe von Plätzen bevorzugt würden, damit sie vor dem Schuleintritt die Möglichkeit haben, Erfahrungen in einer außerfamilialen Einrichtung zu machen. Manche Einrichtungen wiesen darauf hin, dass das Kind schon sauber sein sollte. In einigen Einrichtungen wurde den jüngeren Kindern beim Gang zur

Toilette noch geholfen, andere empfahlen den Eltern, dies vorher mit den Kindern zu üben. Vorstellungen über die »normale« Entwicklung von Kindern im Alter von drei bis vier Jahren waren implizit enthalten, ohne ausdrücklich genannt zu werden. Im Übrigen gab es zur Kindergartenfähigkeit keine näheren Hinweise.

Vorbereitung auf den Kindergartenbesuch:

In einigen wenigen Informationsschriften wurden folgende Tipps zur Vorbereitung des Kindes auf den Kindergartenbesuch gegeben:

- dem Kind erklären, was es im Kindergarten erwartet, ohne ihm Angst zu machen;
- gemeinsam Kindergartentasche, Hausschuhe u.a.m. einkaufen;
- den Tagesablauf so organisieren, dass kein Zeitdruck entsteht;
- kleine Rituale einführen.

Ebenso wurde gelegentlich darauf eingegangen, welche Angebote der Kindergarten den Familien zur Erleichterung der Eingewöhnung macht, wie etwa sogenannte Schnuppertage und Probebesuche.

Erwartungen des Kindergartens an die Eltern:

»Übertriebener Ehrgeiz« und »Leistungsdruck« seitens der Eltern könnten den Kindern schaden, mahnten einige Einrichtungen in ihren schriftlichen Informationen.

Erwartungen der Einrichtung an die Eltern richteten sich vor allem auf den regelmäßigen Besuch der Einrichtung sowie auf das pünktliche Bringen und Holen des Kindes, damit in der Zeit des Besuches eine sinnvolle pädagogische Arbeit möglich werde. Der Kindergarten solle nicht nur als »Abstellplatz« für Kinder betrachtet werden, wurde einmal formuliert. Öfter wurde auch darauf hingewiesen, dass der Kindergarten eine familien*ergänzende* Einrichtung und die Zusammenarbeit von Eltern und Erzieherinnen notwendig sei.

Welche Informationen fehlen meistens? Ein Vergleich der Fragebogenantworten der Erzieherinnen mit der Analyse der Informationsschriften machte deutlich, dass der Informationsgehalt von den Erzieherinnen in der Regel höher eingeschätzt wurde, als wir ihn in den Materialien vorfanden. Das mag daran liegen, dass Erzieherinnen beim Verfassen der Informationen ihr berufliches Wissen mitdenken. Eltern können möglicherweise einen Begriff, der für Erzieherinnen selbstverständlich ist, wie etwa »ganzheitliche Erziehung«, in der Regel nicht inhaltlich füllen.

Zwar gaben 73 % der Erzieherinnen an, schriftlich über die pädagogische Konzeption, die ihrer Arbeit zugrunde liegt, zu infor-

Erzieherinnen erwarten, dass Eltern ihre Kinder rechtzeitig zum Kindergarten bringen und sie pünktlich wieder abholen.

mieren. Dies deckte sich nur dann mit der Auswertung des schriftlichen Materials, wenn auch Informationen über die allgemeinen Ziele des Kindergartens und zur Elternarbeit unter dieser Überschrift mitgezählt wurden. Damit zeigt sich aber, dass »pädagogische Konzeption« in diesem Zusammenhang eher ein Schlagwort ist, unter dem allgemeine Informationen zusammengefasst werden, ohne dass für die Eltern die sich daraus ergebenden pädagogischen Konsequenzen ersichtlich würden.

Sowohl aus den Antworten der Erzieherinnen als auch aus der Auswertung der mitgesandten Materialien ging hervor, dass *kindbezogene Inhalte* mit pädagogischen bzw. entwicklungspsychologischen Schwerpunkten (wie z.B. Verhalten des Kindes zu Beginn der Kindergartenzeit, das Eltern vielleicht nicht erwarten und auf das sie vorbereitet werden sollten), deutlich seltener als *einrichtungsbezogene Themen* im schriftlichen Informationsmaterial angesprochen wurden. Noch seltener als kindbezogene Themen kamen Themen zur Sprache, die sich auf die emotionale Befindlichkeit der Eltern während der Eingewöhnung beziehen, wie z.B. »Gefühle des Verlustes« oder »Unsicherheiten über die neuen Miterzieher«.

Übergangsspezifische Informationen kamen in den schriftlichen Informationen nur selten vor. Lediglich ein Beispiel fand sich unter den eingesandten Schriften, das sich ausschließlich mit der Eingewöhnung des Kindes befasste, die neuen Anforderungen und mögliche Reaktionen des Kindes in der Einrichtung und zu Hause beschrieb und Möglichkeiten aufzeigte, wie dem Kind der Übergang von der Familie in den Kindergarten erleichtert werden kann. Diesem Papier lagen Ausführungen von Haefele & Wolf-Filsinger[48] zugrunde.

⌂ **Hinweis für die Kindergartenpraxis**

Zu Recht wird das Medium der schriftlichen Information in fast allen Einrichtungen genutzt. Eltern empfanden diese schriftlichen Unterlagen als hilfreich bzw. die Eltern, die keine schriftlichen Informationen bekommen hatten, bedauerten dies. Schriftliche Information bedeutet für Eltern in der Vielfalt des Neuen eine wichtige Orientierungshilfe. Es lohnt sich also sehr sorgfältig zu überlegen, welche Inhalte wie dargestellt werden sollen. Die meisten der Informationsschriften ähneln einer Checkliste: Nach einführenden Worten zur Bedeutung und zu den Zielen der pädagogischen Arbeit der jeweiligen Einrichtung geht es um Öffnungszeiten, Gebühren (Kindergartenordnung/-satzung) und um nötige Anschaffungen für das zukünftige Kindergartenkind (Hausschuhe, Turnzeug, etc.).

Kritisch überdacht werden sollte, ob weitgehend identische Inhalte sowohl als schriftliche Information als auch mündlich beim Elternabend geboten werden müssen. Eine gut geplante Informationsstrategie berücksichtigt auch kind- und elternbezogene Themen, wie z.B. die Anforderungen, die für Kind und Eltern mit dem Eintritt in den Kindergarten verbunden sind. Ein Beispiel dafür ist die Elterninformation *etwas Neues beginnt – Kinder und Eltern kommen in den Kindergarten* (siehe nächste Seite), die als Kopiervorlage genutzt und vergrößert werden kann.

---

[48] Haefele & Wolf-Filsinger, 1994

etwas *Neues* beginnt
Kinder und *Eltern*
kommen in den Kindergarten

Was bedeutet der Kindergarten für Ihr Kind

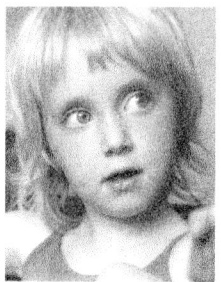

Der Eintritt in den Kindergarten und die gesamte Kindergartenzeit sind ein Lebensabschnitt mit eigenständiger Bedeutung für die Entwicklung Ihres Kindes. Der Kindergarten hat einen eigenen Bildungsauftrag. Er soll nicht lediglich als Vorstufe oder Durchgangsstation für den Schulbesuch angesehen werden.

Für Ihr Kind beginnt ein Lebensabschnitt mit vielen neuen Anforderungen in einer Umgebung, die sehr verschieden von dem vertrauten Zuhause ist:

- Sie sind als Mutter und Vater für eine feste Zeit des Tages nicht unmittelbar verfügbar.
- Ihr Kind muß Vertrauen zu einer neuen Bezugsperson aufbauen, die gleichzeitig für viele andere Kinder da ist.
- Ihr Kind soll Beziehungen zu einer Gruppe von anderen Kindern entwickeln.
- Ihr Kind muß neue Regeln lernen, z.B. das Spielzeug gehört nicht einzelnen, sondern allen.
- Ihr Kind muß sich an einen neuen Tagesrhythmus anpassen.

Ein Kindergartenkind werden

Während ein Kind freudig und spontan auf neue Situationen eingeht, wartet ein anderes Kind ab oder ist auch ängstlich. Das eine Kind lernt langsamer, das andere schneller, mit neuen

Anforderungen umzugehen, während es zu einem „richtigen Kindergartenkind" wird.
Auch wenn Ihr Kind schon eine Weile regelmäßig den Kindergarten besucht, kann es mehrere Monate dauern, bis Ihr Kind wirklich ein Kindergartenkind geworden ist. Damit ist gemeint, daß es sich dann selbständig und selbstbewußt in der Gruppe bewegt, Freundschaften schließt und die Chancen des Kindergartenbesuchs für sich nutzen kann.

Mit welchen Reaktionen können Sie während der Eingewöhnungszeit rechnen?

Zunächst wird Ihr Kind versuchen, sich in der Einrichtung zu orientieren. In der Gruppe wird es sich eher abwartend und beobachtend verhalten. Sein Spiel ist noch nicht intensiv und ausdauernd, den Gruppenraum erkundet es erst allmählich. Zuhause kann es müde und unausgeglichen sein und wird wenig oder gar nichts erzählen.
Etwa ab der zweiten Woche wird es versuchen, seinen Platz in der Gruppe zu finden. Es kann häufiger vorkommen, daß es dabei Konflikte mit anderen Kindern gibt.

Auch die Ruhebedürftigkeit am Nachmittag kann noch anhalten, und es kommt öfter vor, daß ein Kind morgens nur mit Unlust in den Kindergarten geht oder auch gar nicht gehen möchte. Diese Reaktionen sind also nichts Auffälliges, sondern normal.
Jedes Kind braucht seine eigene Zeit für die Eingewöhnung.

Wie können Sie Ihr Kind unterstützen?

Wenn Ihr Kind schon Erfahrungen mit anderen Kindern machen konnte und gelernt hat, eine zeitlang ohne Mutter oder Vater auszukommen, ist das eine gute Vorbereitung auf den Kindergarten.

Nutzen Sie die Angebote, die die Einrichtung Ihnen und Ihrem Kind macht: Schnuppervormittage, Elternabende, Besuch in der Gruppe. Diese Angebote nützen nicht nur Ihrem Kind, sondern Sie selber können sich die Gewißheit verschaffen, daß Ihr Kind in der Einrichtung gut aufgehoben sein wird. Diese Sicherheit können Sie Ihrem Kind weitergeben.

Wenn Fragen offen bleiben, sprechen Sie mit den Erzieherinnen.

Gerade in den ersten Wochen ist bei all dem Neuen für Ihr Kind die Überschaubarkeit der Situation und die Vorhersehbarkeit dessen, was auf es zukommt, eine wichtige Vorraussetzung für eine gute Eingewöhnung. Dazu gehört z.B. die Erfahrung von Regelmäßigkeit und Pünktlichkeit beim Bringen und Abholen.

Anstrengende Aktionen am Nachmittag können Ihr Kind überfordern. Bedenken Sie auch, daß Kinder in dieser Zeit verstärkt unfallgefährdet sind. Besondere Aufmerksamkeit ist also im Straßenverkehr und auf dem Spielplatz notwendig.

Die Bereitschaft des Kindes, sich mit dem Kindergarten auseinanderzusetzen, wird auch davon beeinflußt, ob in der Familie gleichzeitig andere größere Lebensveränderungen anstehen, wie z.B. die Geburt eines Geschwisters, ein Umzug, aber auch eine Trennung der Eltern oder der Verlust des Arbeitsplatzes von Vater oder Mutter. In jedem Fall gilt: Kommen Sie mit der Erzieherin ins Gespräch. Jede Information, die Sie über Ihr Kind und Ihre Familie geben, ist der Erzieherin willkommen und hilft ihr dabei, auf Ihr Kind gut eingehen zu können.

Aus Eltern werden Kindergarteneltern

Zwar steht das Kind im Mittelpunkt des Geschehens, aber auch für Sie ist der Eintritt Ihres Kindes in den Kindergarten etwas Besonderes. Auch auf Sie kommen Veränderungen und neue Anforderungen zu.

Sie müssen sich darauf einstellen, daß Sie zu festen Tageszeiten ohne Ihr Kind sind und daß Sie nicht unmittelbar wissen, was es tut, denkt oder fühlt. Wie wird es ihm ohne Ihre Anwesenheit gehen? Wie werden Sie selbst diese Zeit nutzen?

Tatsächlich brauchen auch Eltern eine Eingewöhnungszeit, um viele neue Informationen aufzunehmen und verarbeiten zu können. Sie lernen, den neuen Mit-Erziehern zu vertrauen. Sie lernen auch, Ihrem Kind zu vertrauen, das selbständiger wird und sich das holt, was es braucht. Mit der Zeit gilt es, ein Gefühl von

Mitverantwortung für das Funktionieren der Gruppe und des gesamten Kindergartens zu entwickeln.

Es wird von Ihnen erwartet,

- daß Sie Vertrauen zur Einrichtung entwickeln,
- daß Sie akzeptieren können, daß Ihr Kind nur eines unter anderen in der Gruppe ist,
- daß Sie sich nicht ohne Rücksicht auf andere für die Förderung nur Ihres eigenen Kindes einsetzen,
- daß Sie lernen, über die Elternmitarbeit alle Kinder zu unterstützen oder als Kindergartenbeirat das Interesse aller Kinder und Eltern zu fördern.

Jeder Neuanfang bedeutet bei aller Neugier und Vorfreude auch Abschied von Vertrautem. Damit sind starke Gefühle bei Kindern und Eltern verbunden. Diese Gefühle sind beim morgendlichen Abschied oft besonders deutlich spürbar. Wenn Sie unsicher sind, holen Sie sich den Rat und die Unterstützung der Erzieherin. Also: keine Angst vor Abschieden und keine Angst davor, daß es nicht vom ersten Tag an problemlos klappt. Ihr Kind wird wachsen, es wird sicher und selbstbewußt werden, ein Kindergartenkind, das seinen Kindergartenalltag meistert und größtmöglichen Gewinn daraus zieht.

Weitere Informationen

Ansprechpartner für Fragen zum Kindergarten sind in jeder Einrichtung
der Träger/die Leitung/der Kindergartenbeirat

Empfohlene Literatur für Eltern:

Andersen, Elke:
Alles über Kindergärten.
Ravensburger Verlag, 1996

Becker-Textor, Ingeborg:
Unser Kind soll in den Kindergarten.
Verlag Herder Spektrum, 1993

Berger, Manfred:
Der Übergang von der Familie zum Kindergarten
Ernst Reinhardt Verlag, 1997

Binsteiner, Teresa und Schmidt, Hartmut:
Komm, ich zeig dir meinen Kindergarten. Mit einem Leitfaden für Eltern.
Herder Verlag, 3. Auflage 1991

Haefele Bettina und Wolf-Filsinger, Maria:
Aller Kindergarten-Anfang ist schwer. Hilfen für Eltern und Erzieher. Don Bosco Verlag, 5. Auflage 1994

Sie können in Büchereien nach Literatur für Eltern und Bilderbüchern für Kinder zum Thema fragen!

Herausgegeben vom Staatsinstitut für Frühpädagogik, Prinzregentenstraße 24 80538 München

Wann erhalten Erzieherinnen welche Informationen?

Informationsdefizite in der Anfangsphase

Auf die Frage nach den Ereignissen im Kindergartenjahr, die für Erzieherinnen mit besonders hohen Belastungen verbunden sind, wurde die Zeit der Aufnahme und Eingewöhnung der neuen Kinder an vorderster Stelle genannt. 86 % der Erzieherinnen gaben an, dass die pädagogische Arbeit in dieser Zeit dadurch erschwert werde, dass über das individuelle Wesen des Kindes noch zu wenig bekannt sei. 57 % der Erzieherinnen beklagten mangelnde Information zum familiären Hintergrund der neuen Kinder.

⌂ Hinweis für die Kindergartenpraxis
Die Informationserhebung in der Zeit zwischen Vormerkung, Anmeldung und Eintritt des Kindes sollte optimiert werden, um das pädagogische Handeln in der Eingewöhnungszeit zu erleichtern. Bei jeder Begegnung von Eltern und Erzieherinnen besteht dazu Gelegenheit. Möglicherweise ist diese Perspektive für Erzieherinnen ungewohnt, denn von ihrem beruflichen Selbstverständnis her sehen sie selbst sich eher als diejenigen, die Eltern mit Informationen versorgen. Diese Sichtweise gilt es zu überdenken.

Das Gespräch bei der Anmeldung

Die Anmeldegespräche wurden ganz überwiegend von der Kindergartenleitung geführt (65 %), nur knapp 10 % der Gespräche wurden von der Gruppenleiterin alleine geführt. Bei einem Viertel der Einrichtungen wurde angegeben, dass dies nicht feststehe, sondern von Fall zu Fall unterschiedlich sein könne (siehe dazu auch den Abschnitt *Wann erhalten Eltern welche Informationen?*, Seite 73f)

Vordrucke, Formulare, Erhebungsbögen

Ein Erhebungsbogen wurde in Zusammenhang mit der Anmeldung des Kindes in 95 % aller Einrichtungen benutzt. Die Bezeichnungen der verwendeten Formulare sind vielfältig, z.B. Anmeldeschein, Voranmeldung, Aufnahmeantrag, Anmeldebogen, Anmeldung, Aufnahmevertrag. Nicht in jedem Fall wurde deutlich, ob es sich um eine Vormerkung oder um eine verbindliche Anmeldung und den Abschluss eines Betreuungsvertrages handelte. Aufgrund der Bestimmungen des Sozialdatenschutzes ist eine klare Trennung zwischen Vormerkungsformular und Erhebungsbogen zur Datenerfassung bei feststehender Aufnahme nötig. Dort ist auch festgelegt, welche Daten jeweils erfragt werden dürfen.

Sozialdatenschutz in Kindertageseinrichtungen

Detaillierte Informationen zum »Sozialdatenschutz in Kindertageseinrichtungen« enthält eine Veröffentlichung des Staatsinstituts für Frühpädagogik von Eva Reichert-Garschhammer. Die Broschüre für die bayerische Praxis wird im Jahre 2000 vom Bayerischen Staatsministerium für Arbeit und Sozialordnung, Familie, Frauen und Gesundheit herausgegeben und kann dort bezogen werden *(Bayerisches Staatsministerium für Arbeit und Sozialordnung, Familie, Frauen und Gesundheit, Winzererstr. 9, 80797 München).*

Die 95 Formulare, die uns zur Verfügung gestellt wurden, wurden daraufhin durchgesehen, welche Informationen mit ihnen erfragt wurden und ob sie Informationen zu familialen Übergängen des aufzunehmenden Kindes erfassten.

Inhalt der Formulare

Die von uns ausgewerteten Formulare erfassten im Allgemeinen:
- Namen der Eltern und des Kindes, Anschrift(en)
- Geburtsdaten der Eltern und des Kindes

- Staatsangehörigkeit von Eltern und Kind
- Konfession bzw. Religion von Eltern und Kind
- Kinderarzt, Krankenversicherung
- Impfungen, überstandene Kinderkrankheiten
- Allergien, chronische Krankheiten
- Arbeitgeber der Eltern
- Arbeitszeiten der Eltern
- Personen, die berechtigt sind, das Kind abzuholen
- Erlaubnis, das Kind alleine nach Hause gehen zu lassen
- Gründe für die Anmeldung im Kindergarten
- Person zur Benachrichtigung im Notfall

In einigen Beispielen wurde zusätzlich gefragt nach
- Zeitpunkt der voraussichtlichen Einschulung des Kindes
- Entwicklungsstand des Kindes, Kontaktschwierigkeiten u.a.m.

Eine Erzieherin vermerkte auf dem Formular »Anmeldung« handschriftlich: »Es wird nicht nach Religion und Alter der Eltern gefragt. Manche Nationen sind da sehr empfindlich.«

Von diesen Informationen abgesehen, interessierte uns bei der Auswertung insbesondere, ob auch übergangsrelevante Informationen erhoben wurden und wie Erzieherinnen mit diesen Informationen umgingen. Ereignisse und Erfahrungen im Leben des Kindes und seiner Familie, die die Übergangsbewältigung beeinflussen, sind z.B.:

- Geburt eines Geschwisterkindes
- Tod einer nahen Bezugsperson
- Trennung / Scheidung der Eltern
- Neue Partnerschaft / Wiederheirat
- Aufnahme einer Erwerbstätigkeit durch die Mutter oder den Vater
- Verlust des Arbeitsplatzes von Mutter oder Vater
- Beteiligung des Vaters an der Betreuung/ Erziehung des Kindes
- Vorerfahrungen mit anderen Betreuungspersonen
- Vorerfahrung mit Kindergruppen, Krippe o.Ä.

Sind der Gruppenerzieherin solche Familienumstände bekannt? Hat sie ein genaueres Bild vom Erfahrungshintergrund des Kindes und seiner Familie? Erfährt sie aufgrund des Fragebogens etwas über mögliche Anforderungen, die Kinder und Eltern parallel zum Übergang in den Kindergarten bewältigen müssen?

In vielen Fällen schien es, als seien die Erzieherinnen auf Vermutungen und informelle Informationen angewiesen, wenn sie sich ein Bild davon machen wollten, welche Erfahrungen das Kind (und seine Eltern) bisher mit familialen Übergängen gemacht

hatten. Wir konnten das an Angaben erkennen, die die Erzieherinnen darüber machten, welche Informationen sie den Fragebögen entnehmen könnten. Die Aussagen verglichen wir mit den Fragebögen, die uns vorlagen. Dabei stellten wir fest, dass die Angaben der Erzieherinnen und unsere Einschätzungen z.T. weit auseinander gingen. Ein weiterer Hinweis darauf kam aus einer größeren Einrichtung. Von dort erhielten wir drei ausgefüllte Antwortfragebögen mit unseren Untersuchungsfragen sowie das verwendete Aufnahmeformular. Die drei Gruppenleiterinnen machten recht unterschiedliche Angaben darüber, welche Informationen sie ihrem Aufnahmeformular entnehmen könnten.

Mit den folgenden Beispielen soll deutlich werden, dass indirektes Schließen oftmals zu falschen Folgerungen führen kann.

Geburt eines Geschwisterkindes:

Die Antwort auf die Frage, ob das Kind in engem zeitlichen Zusammenhang mit dem Eintritt in den Kindergarten auch den Übergang vom Einzelkind zum Geschwisterkind bewältigen musste, lässt sich indirekt aus dem Alter der Geschwisterkinder ableiten. Hier stimmten die Angaben der Erzieherinnen und die Analyse der Formulare gut überein: 74 % sagten, sie erführen das aus den Aufnahmebögen, in 79 % der analysierten Bögen erschien das auch uns möglich.

Elterntrennung und Scheidung:

68 % der Erzieherinnen sagten, sie könnten dem Anmeldebogen entnehmen, ob die Eltern des Kindes getrennt lebten oder geschieden seien. Nach unserer Auswertung traf dies nur für 24% der Einrichtungsfragebögen zu. Während wir für die Auswertung nur die direkte Frage nach dem Familienstand berücksichtigten, schlossen die Erzieherinnen indirekt aus anderen Fragen: In der Regel wurde in dem Einrichtungsfragebogen danach gefragt, wer erziehungsberechtigt sei und wer das Kind abholen dürfe.

⌂ Hinweis für die Kindergartenpraxis
Wenn im Formular nur allgemein erfragt wird, wer sorge- oder erziehungsberechtigt ist, kann die Erzieherin über die aktuelle Situation der Familie nur mutmaßen, weil nach der Reform des Kindschaftsrechts von 1998 in der Regel beide Eltern nach einer Scheidung sorgeberechtigt bleiben. Für die Erzieherin wäre wichtig zu wissen, ob das betreffende Kind nicht nur den Übergang von der Familie in den Kindergarten, sondern zusätzlich die mit einer Elterntrennung verbundenen Anforderungen und Belastungen bewältigen muss.

Wiederheirat / neue Partner:

35 % der Erzieherinnen sagten, sie könnten aus dem Einrichtungsformular erfahren, ob die Eltern des Kindes nach einer Scheidung wieder geheiratet haben oder in einer neuen Partnerschaft leben. Die Auswertung ergab, dass dies tatsächlich nur für 4 % der Formulare zutrifft.

⌂ Hinweis für die Kindergartenpraxis
In der Praxis werden vermutlich häufig Folgerungen angestellt, wie etwa »Kind und Vater haben verschiedene Namen, also ist die Mutter zum zweiten Mal verheiratet.« Solche Folgerungen sind selten eindeutig, denn bei Namensverschiedenheit können unterschiedliche Gründe vorliegen: (1) Die Eltern leben unverheiratet zusammen, das Kind wächst seit seiner Geburt mit beiden Eltern zusammen auf, (2) die Eltern sind verheiratet, beide haben ihren Geburtsnamen behalten, (3) es handelt sich um einen Stiefvater. Bei Namensgleichheit von Vater, Mutter und Kind kann es sich dennoch um einen Stiefvater des Kindes handeln (Einbenennung oder Stiefkindadoption) oder die Mutter ist die zweite Frau des Vaters und Stiefmutter des Kindes. Namensungleichheit bzw. -gleichheit lässt keinen Schluss auf die Entwicklung und Struktur der Familie zu. Dass eine geschiedene oder unverheiratete Mutter mit einem neuen Partner zusammenlebt, der für das Kind eine wichtige, stabilisierende Bezugsperson oder auch ein Belastungsfaktor sein kann, dürfte in der Regel nur dann bekannt werden, wenn Eltern oder Kind von sich aus darüber berichten.

Die Erzieherin sollte über die familiäre Situation informiert sein, um Gefühle eines Kindes besser verstehen zu können.

Aufnahme einer Berufstätigkeit:
72 % der Erzieherinnen sagten, sie könnten aus dem Einrichtungsfragebogen erfahren, ob Vater oder Mutter des Kindes mit dem Eintritt des Kindes in den Kindergarten eine Berufstätigkeit (wieder-)aufnehmen. Die Auswertung ergab, dass dies für keines der Formulare zutraf. Bei 86 % der Formulare wird zwar nach einer Berufstätigkeit von Vater und Mutter gefragt, aber nie danach, ob die Aufnahme einer Berufstätigkeit mit dem Eintritt des Kindes in den Kindergarten zusammenfällt.

Auch hier gilt wieder: Nicht nur die Tatsache, dass evtl. beide Eltern berufstätig sind, ist von Bedeutung, sondern gerade die Tatsache, dass die Mutter oder der Vater zeitgleich mit dem Eintritt des Kindes in den Kindergarten wieder in den Beruf eintritt, kann für die Eingewöhnung des Kindes wichtig sein.

⌂ **Hinweis für die Kindergartenpraxis**
Zusammenfassend lässt sich feststellen, dass die Erhebungsbögen, die im Aufnahmeverfahren benutzt werden, in den meisten Einrichtungen ein unterschätztes Instrument zu sein scheinen: Die Informationssammlung war entweder zu unspezifisch, unvollständig oder aber die Daten wurden nicht zur Kenntnis genommen, weil der Erhebungsbogen in der Ablage verschwand und die Informationen dadurch »unsichtbar« wurden.

Als es im vorhergehenden Kapitel um die Information der Eltern ging, wurden Inhalte und Bedeutung des schriftlichen Materials als wichtige Informationsquelle und Orientierungshilfe bei der Übergangsbewältigung angesprochen. In vergleichbarer Weise können die im Zusammenhang mit dem Anmeldebogen bzw. Betreuungsvertrag erhobenen Daten als schriftliche Unterlage für die Arbeit in der Einrichtung genutzt werden: Eine verlässliche Informationsquelle mit wichtigen Hinweisen für die Arbeit mit dem Kind und seinen Eltern. Dabei ist allerdings

eine klare Konzeption für die Erhebung der Informationen sowie für den Umgang mit den Daten erforderlich.

Die Erhebung persönlicher Daten
In Bezug auf die Datenerhebung ist zu überlegen, ob auch persönliche Fragen in einem unpersönlichen Formular Berechtigung haben und sinnvoll sind. Unsere Auswertungen haben gezeigt, dass ein Erhebungsbogen nur in wenigen Einrichtungen genutzt wurde, um Informationen, die Übergänge in der Familie betreffen, zu erhalten. Für diese Zurückhaltung bei der formalisierten Datenerfassung gibt es gute Gründe. Denn hier stellt sich auch die Frage des Datenschutzes: Welche Angaben von Eltern sind für die Betreuung und Bildung eines Kindes erforderlich? Nur diese dürfen erhoben werden. Wem sind die Fragebogendaten zugänglich? Wie wird mit ihnen umgegangen? Diese Fragen betreffen alle kind- und familienbezogenen Angaben, die schriftlich oder auch mündlich im Laufe der Kindergartenzeit erhoben werden.

Persönliche Fragen in einem »unpersönlichen« Formular zu stellen, mag dem Fragenden, der pädagogischen Fachkraft taktlos erscheinen. Den antwortenden Eltern kann diese Form der Befragung unangenehm sein, insbesondere dann, wenn Unklarheit über die Bedeutung der Fragen für die Betreuung des Kindes im Kindergarten besteht und Eltern keine Rückmeldung über die von ihnen gemachten Angaben erhalten. Für Eltern ist es z.B. beruhigend, wenn sie erfahren, dass eine noch nicht lange zurückliegende Elterntrennung die Erzieherin veranlasst, das Verhalten des Kindes mit besonderer Aufmerksamkeit zu beobachten und den Eltern zu berichten, wie es sich in der Einrichtung entwickelt. Wenn also den Eltern vermittelt wird, dass die Fragen im Interesse ihres Kindes für eine möglichst gute Unterstützung bei seiner Eingewöhnung gestellt werden, ist auch die Fragebogenform an Stelle des persönlichen Gesprächs möglich, um etwas über das Kind und die Familiensituation in Erfahrung zu bringen.

Ein Vorteil des Fragebogens liegt darin, dass diese Informationen auch der Erzieherin zur Verfügung stehen, in deren Gruppe das Kind ein Kindergartenkind werden soll, auch wenn sie selbst die Familie während der Aufnahme nicht kennen lernen konnte.

⌂ **Hinweis für die Kindergartenpraxis**

Im Hinblick auf die Entwicklung und die Nutzung eines differenzierten Aufnahmebogens gilt es zu beachten:

- Vormerkungsformular und Anmeldebogen bzw. Betreuungsvertrag müssen als zwei voneinander getrennte Erhebungsinstrumente gestaltet werden.
- Sorgfältige Konzeption: Was wollen wir wann warum wissen? Die Beantwortung

dieser Fragen erfolgt nach sachlichen Gesichtspunkten. Als Reflexionshilfe zur Datenerhebung ist das Übergangskonzept geeignet. Die Frage nach dem »warum« stellt die Verbindung zwischen Informationserhebung und dem pädagogischem Handeln her.

- Ein zu langer Fragebogen lässt sich durch eine offene Kategorie vermeiden, wie z.B.: »Hat es in Ihrer Familie im letzten Jahr Ereignisse gegeben, von denen wir wissen sollten, um Ihr Kindes besser verstehen zu können?« Dazu können einige Beispiele genannt werden. Wenn Eltern diese Fragen durch entsprechende Informationen bejahen, ist ein guter Einstieg in ein individuelles Gespräch gegeben.
- Auf sprachliche Genauigkeit ist zu achten. So ist es z.B. vorgekommen, dass unter »unvollständige Familien« die Stichworte »Tod – Wiederheirat – ohne Trauschein« aufgeführt waren.
- Der korrekte Umgang mit den erhobenen Daten über das Kind und seine Familie in der Einrichtung ist sicherzustellen und muss für alle Teammitglieder verbindlich sein.
- Kindertagesstätten sind vor jeder Datenerhebung dazu verpflichtet, Eltern darüber aufzuklären, zu welchem Zweck Daten über ihr Kind und ihre Familie erhoben und wie diese Daten genutzt werden.

- Der Erhebungsbogen ersetzt nicht das Gespräch, sondern er bedingt das Gespräch mit den Eltern. Eltern brauchen eine persönliche Rückmeldung, wenn sie z. B. die Befürchtung äußern, dass die Geburt eines Geschwisterkindes zu unerwünschten Verhaltensweisen in der Gruppe führen könnte.
- Wenn Eltern es wünschen, sind Einrichtungen verpflichtet, ihnen Kopien der wesentlichen Dokumente, die Daten über ihr Kind bzw. ihre Familie enthalten, zu übergeben. Dazu gehören auch Gesprächprotokolle und Beobachtungsbögen über das Kind.
- Der Erhebungsbogen kann als Gesprächsleitfaden dienen: Gemeinsam mit den Eltern werden die erforderlichen Angaben und Fragen durchgegangen, Fragen werden im Gespräch geklärt, die Erzieherin hält die Angaben fest: Dialog von Anfang an findet dann in einem strukturierten Aufnahmegespräch statt.

Das Aufnahmegespräch

Lediglich in einem guten Drittel der Einrichtungen in unserer Befragung wurden individuelle Aufnahme- bzw. Vorbereitungsgespräche geführt, zumeist durch die Kindergartenleiterin. In der Regel wurden bei diesem Gespräch die Räume gezeigt. Meistens waren auch die Kinder anwesend. Nur in den Fällen, in denen die Kindergartenleiterin zugleich Gruppenleiterin ist, oder in denen das Kind in »seinen« Gruppenraum gehen kann, lernt es beim Aufnahmegespräch die Gruppenleiterin kennen.

Erzieherinnen selbst waren mit dieser Situation nicht sehr zufrieden. In der vorliegenden Untersuchung wurden die Erzieherinnen, die sich Veränderungen an dem in ihrer Einrichtung praktizierten Aufnahmeverfahren wünschten, um Vorschläge gebeten. Knapp 50 % der antwortenden Erzieherinnen machten Verbesserungsvorschläge. Von diesen zielen 44 % auf eine Intensivierung der Elterngespräche. 30 % dieser Vorschläge bezogen sich auf eine stärkere Öffnung der Einrichtung für Kinder und Eltern vor dem eigentlichen Eintritt des Kindes, 26 % der Erzieherinnen wünschten sich eine Entzerrung des Aufnahmezeitraumes. Diese Vorschläge lassen sich dahingehend zusammenfassen, dass Erzieherinnen sich eine intensivere Nutzung der Zeit zwischen Anmeldung und Eintritt wünschen.

⌂ Hinweis für die Kindergartenpraxis
Eine sorgfältig geplante Informationserhebung, wie sie im vorangegangenen Abschnitt vorgeschlagen wurde, erleichtert die Gesprächsführung, da sie als Gesprächsleitfaden genutzt werden kann, so dass keine wichtige Frage vergessen wird. Wenn in die-

Wenn Eltern und Kinder vor dem Kindergarteneintritt zum Schnuppernachmittag kommen, wird der Einstieg leichter.

sen Gesprächen weitere Informationen gewonnen werden, die für die pädagogische Arbeit wichtig sind, so ist es zweckmäßig, diese zu protokollieren. Mit Einwilligung der Eltern darf das Gesprächsprotokoll in die Betreuungsakte aufgenommen und im Kollegenkreis eingesehen werden.

Möglichst sollten beide Eltern mit dem Kind an dem Gespräch teilnehmen können. Vorteilhaft kann es sein, das ausführliche Elterngespräch dann zu führen, wenn die Familie bereits einen Schnuppertermin wahrgenommen hat. Sowohl die Eltern als auch die Erzieherinnen haben dann Eindrücke gesammelt, über die man sich austauschen kann. So entwickelt sich der Dialog von Anfang an: Für die Arbeit der Erzieherin entsteht eine gute Basis und die Eltern erleben ein individuelles Vorbereitungsgespräch.

Die gezielte Beobachtung

Auch gezielte Angebote an das Kind während eines Aufnahmegespräches können relevante Informationen liefern: Wie geht das Kind mit einer neuen Situation um? Was benötigt es, um sich für die Erforschung einer neuen Umgebung öffnen zu können? Was leistet es von sich aus? Welche Unterstützung können Eltern und die Erzieherin geben? Gezielte Beobachtung von Kindern, Eltern und ihren Interaktionen sind hierbei von Bedeutung. Wir haben Erzieherinnen gefragt, wie sich die Kinder während des Aufnahmegesprächs im Allgemeinen verhalten, was den Kindern in dieser Zeit angeboten wird und welche Informationen Erzieherinnen direkt aus der Beobachtung des Kindes gewinnen.

In der Regel wurde dort, wo Kinder beim Aufnahmeverfahren anwesend waren, von zwei Aktivitäten bzw. Verhaltensweisen des Kindes berichtet: Das Aufrechterhalten räumlicher Nähe zur Mutter bzw. zu den Eltern (z. B. das Kind sitzt auf dem Schoß) sowie erkundendes Verhalten des Kindes (z. B. Umsehen, Spielen, das Kind bewegt sich frei im Gruppenraum). Tatsächlich sind damit zwei Grunddimensionen des Bindungsverhaltens angesprochen: Suchen räumlicher Nähe zu Bezugspersonen bei Verunsicherung und Nutzen der Bindungsperson als sichere Basis für die Erkundung des Neuen, wenn die Unsicherheit weicht.

Meist wurden Materialangebote (Papier und Stifte, Steckspiel, Bücher) und Aktivitäten genannt (v. a. Spielen im Gruppenraum). Nur einmal wurde geäußert, dass das Kind gezielt in das Gespräch einbezogen werde. Die Informationsgewinnung geschah dabei entweder über das Gespräch mit dem Kind oder über die Beobachtung des Kindes. Gefragt wurde das Kind nach seinem Namen, Alter, Wohnort, Geschwistern. Einige Erzieherinnen gaben an, dass sie Beobachtungen anstellten, um einen ersten Eindruck vom Kind, von seinem Verhalten und seinem Entwicklungsstand zu gewinnen. Beobachtet wurden auch die Nähe zur Bezugsperson, das Erkundungssverhalten, das Sprachverhalten und die emotionale Befindlichkeit des Kindes. Zweimal wurde angegeben, das Kind werde selbst nach seinen Eindrücken, nach seinen Erwartungen gefragt, nach Vorerfahrungen mit anderen Kindern und mit außerfamilialer Betreuung.

⌂ **Hinweis für die Kindergartenpraxis**
Neben den kurzen Vormerkungs- und Anmeldegesprächen sind ausführlichere Auf-

nahmegespräche zu empfehlen. In den Aufnahmegesprächen lassen sich übergangsrelevante Themen vertiefen. In diesen Gesprächen können die Gestaltung von Aufnahme und Eingewöhnung für das einzelne Kind besprochen und geplant werden. Die Gruppenerzieherin, das Kind und die Eltern sollten sich beim Aufnahmegespräch kennen lernen können. Die gezielte Beobachtung der Mutter-Kind-Interaktion, des kindlichen Verhaltens und das Gespräch mit dem Kind selbst können dann als wichtige Informationsquelle dienen.

Erzieherinnen argumentierten häufig, dass einfach zu wenig Zeit vorhanden sei, um ausführlichere Elterngespräche führen zu können und dies auch organisatorisch gar nicht möglich sei. Die Erzieherinnen dagegen, in deren Einrichtungen individuelle Gespräche zum Aufnahmeverfahren gehörten, berichteten, dass sie auf diesen Teil des Aufnahmeverfahrens nicht verzichten möchten, insbesondere deshalb, weil sie sich für die Eingewöhnungszeit der neuen Kinder viel besser vorbereitet und daher sicherer fühlten. Zudem wird in einem ausführlichen Aufnahmeverfahren eine wichtige Erkenntnis sehr schnell deutlich werden: Nicht alle Familien brauchen alle Formen von Unterstützung!

Die Unterstützung, die manche Kinder und Eltern brauchen, kann dagegen sorgfältig geplant und eingeleitet werden. Das wird von der Beobachtung und Einschätzung der Kompetenzen des Kindes und seiner Eltern abhängen.

Auch eine Betonung von »Familienähnlichkeit« einer Einrichtung sollte nicht darüber hinwegtäuschen, dass es sich um zwei grundsätzlich verschiedene Lebensumwelten für das Kind handelt, deren Unterschiede daher auch nicht verwischt werden dürfen. Schließlich können auch die Herkunftsfamilien der Kinder recht unterschiedliche Strukturen aufweisen.

Das Kind sollte sich möglichst weitgehend selbstbestimmt im Hinblick auf das Eintreten in den Kindergarten erleben können. Anforderungen an das Kind sollten nicht restlos »eingeebnet« werden, sondern erfahrbar bleiben, damit Problemlösefertigkeiten aktiviert werden. Mit Hilfe des Übergangskonzeptes kann eine Sichtweise entwickelt werden, die kindliches Verhalten und auch das von Erwachsenen angemessener einschätzen lässt und dort, wo sie geboten erscheint, adäquatere Unterstützung ermöglicht.

**Was Eltern erwarten,
was Eltern befürchten**

Ein weiteres Argument für den Dialog von Anfang an ist auch folgender Untersuchungsbefund: 64 % der befragten Erzieherinnen nannten als eine Erschwernis ihrer Arbeit in der Zeit der Neuaufnahme und der Eingewöhnung »Eltern haben zu Beginn unklare, vielleicht falsche Erwartungen an den Kindergarten«.

Im Folgenden sind Ausschnitte und Zusammenfassungen aus Interviews mit Eltern wiedergegeben, deren erstes Kind in den Kindergarten kommt. Sie sollen als Anregung dienen, sich mit den Erwartungen, Hoffnungen aber auch Befürchtungen der Eltern möglichst frühzeitig auseinander zu setzen.

Die Erwartungen der Eltern

Eltern hofften, dass ihr Kind sich im Kindergarten wohl fühlen werde. Als Voraussetzungen dafür sahen sie an, dass die Gruppe nicht zu groß sei, die anderen Kinder nicht zu dominant seien und die Erzieherinnen einfühlsam auf das eigene Kind eingehen sollten. Die Förderung »sozialen Verhaltens«, sich in der Gleichaltrigengruppe einfügen und sich behaupten zu lernen, teilen lernen, Regeln lernen, Grenzen akzeptieren, Selbstständigkeit erlangen aber auch eine Vorbereitung auf die Schule waren die durchgängig genannten positiven Erwartungen in Bezug auf das Kind. Von der Pädagogik im Kindergarten wurde erwartet, dass sie mit den Erziehungszielen der Eltern grundsätzlich

übereinstimmen solle, dass kompensatorisch gewirkt werden solle, ganz besonders dann, wenn es um soziale Fertigkeiten des Kindes ging.

„Erhofft vom Kindergartenbesuch habe ich mir eigentlich erst mal, dass sie mit mehr Kindern zusammenkommt, weil ich das ganz günstig finde, denn das soziale Verhalten wird ja im Kindergarten gefördert. Das kann man in diesen Kleinfamilien, wie wir sie haben – zwei Kinder ist ja keine Gruppe – kann das nicht mehr bewerkstelligt werden. Und das ist eigentlich die Hauptaufgabe, die ich dem Kindergarten stelle.«

»Ich geh' davon aus, dass ein Kindergarten pädagogisch einfach viel mehr machen kann, als jetzt ich zu Hause alleine – und ich denke, dass er da schon gefordert wird. Also speziell jetzt das soziale Verhalten, weil wenn man halt 'n Einzelkind hat, man ist schon etwas im Unterbewusstsein versucht, ihn wie so 'n kleinen Prinzen zu behandeln, und, ich denke, das soziale Verhalten wird im Kindergarten schon gefördert. Und das brauchen sie auch.«

Nicht selten erwarteten Eltern auch, dass der Kindergarten solche Fertigkeiten ver-

Eltern erwarten für ihre Kinder im Kindergarten Gemeinschaftserlebnisse ...

»Ja, ich hoffe, er bringt bestimmt aus dem Kindergarten viele Ideen mit 'rein. Weil, man steht ja doch irgendwo 'n bissel hilflos da, wenn der dann Spiele machen möchte. Ich mein', man kennt sein' Ringelreih'n und so, aber trotzdem. Ich glaub, da bringt er schon neue Sachen mit heim, neue Ideen ...«

»Was ich auch gut finde, dass sie halt basteln, und das tun sie sehr gerne, und da bin ich etwas minderbemittelt. Da war ich da immer im Neinsagestress, oder ja, ich mach gleich, kann man vielleicht mal am Wochenende oder so ... Das machen sie jetzt hoffentlich im Kindergarten.«

Im Hinblick auf sich selbst und das Familienleben erwarteten nicht wenige Eltern Unterstützung bei der Erziehung, vor allem sollte das eigene Kind Grenzen und Regeln akzeptieren lernen, so dass die Erziehung für die Eltern selbst »leichter« wird.

mittelt, von denen die Eltern glaubten, dass sie selbst ihren Kindern nicht genügend Anleitung geben könnten (z.B. Basteln, musische Erziehung). Manche Eltern erwarteten positiv, dass das Kind Ideen vom Kindergarten mitbringen solle, um damit das Familienleben zu bereichern oder auch entlasten.

»Ich erhoffe mir schon, dass er im Kindergarten lernt, dass es Regeln gibt und dass es dann auch zu Hause mit dem Grenzen-Setzen einfacher wird und er sich mehr an Disziplin gewöhnt. Jetzt ist es ein ewiger Kampf ... »

Von lebhaften Kindern wurde manchmal erwartet, dass die Kinder »ausgetobt« seien, am Nachmittag ruhiger und womöglich umgänglicher mit den jüngeren Geschwistern sein würden.

> »... und dann kann er sich da hoffentlich austoben ... Und am Nachmittag, dass er dann vielleicht ein bissel ruhiger ist, weil er halt 'n richtiger Treibauf ist, also. Und auch immer mal Streitereien mit seinem jüngeren Bruder natürlich ständig hat. Und das ist halt doch ein bissel was, dass er jetzt da schön in den Kindergarten geht, ja – und ich hoff, dass sie sich dann auch besser verstehen, miteinander, die zwei.«

> »Dass sie vielleicht etwas ruhiger wird, das aufbrausende Temperament etwas gezügelt wird. Weil, sie schreit recht oft rum. Dass das halt – ich weiß nicht, wenn halt jemand anders was sagt, dann reagiert sie halt leichter, als wenn's die Mama sagt. Ja, und dann vielleicht etwas Ordnungsliebe.«

... und die Förderung konkreter Fertigkeiten.

Zur Bewältigung des Übergangs von der Familie in den Kindergarten gehört, dass Eltern ihre eigene Erzieherrolle kritisch reflektieren. In den Zitaten wird dies deutlich. Ebenso geht aus ihnen hervor, dass Eltern ihre Anliegen teilweise so formulieren, dass im Kindergarten eigene erzieherische Defizite kompensiert werden sollen (z. B. Akzeptieren von Grenzen, Ordnungsliebe entwickeln, bestimmte Fertigkeiten). Die Erwartungen an den Kindergarten sind also mitbestimmt von Vorstellungen über eigene erzieherische Unzulänglichkeiten. Dies kann in Bezug auf die Eingewöhnung des Kindes mit vermehrten Unsicherheiten und Befürchtungen verbunden sein. Hinsichtlich der Erzieherin entstehen komplexe unausgesprochene Anforderungen: Aufträge an Erziehung werden für Bereiche delegiert, in denen sich die Eltern weniger kompetent fühlen. Gleichzeitig behalten sich die Eltern die Kontrolle über die Erziehungsleistung der Erzieherin vor, was Machtfragen in der Beziehung berührt. Erschwert werden kann diese Aufgabe für die Erzieherin noch einmal, wenn die Eltern wiederum »zum Ausgleich« für die strengeren Anforderungen in der Einrichtung das Kind zu Hause weniger fordern und weniger Grenzen setzen.

Unsicherheiten oder Befürchtungen der Eltern

Die allgemeinen Erwartungen an den Kindergarten waren überwiegend betont optimistisch, eine positive Förderung des Kindes wurde zuversichtlich erwartet. Andererseits drückte sich in positiven Erwartungen an das eigene Kind (»das wird er schon schaffen«, »da muss er durch«) durchaus auch Skepsis hinsichtlich der institutionellen Erziehung und ihrer Bedingungen aus. Eltern wussten, dass auf ihr Kind neue Anforderungen zukommen würden, die es möglicherweise nicht spielend bewältigen könnte.
Einige Eltern beschrieben ihr Kind als ausgesprochen sensibel oder auch als »verwöhnt« oder sogar »machtgewohnt«. Sie

waren unsicher, ob ihr Kind die Umstellung, die Eingewöhnung, die Anpassung an die große Gruppe, an die älteren Kinder verkraften würde. Bei Söhnen war die Tendenz der Befürchtung häufiger, dass sie weinerlich, kleinkindhaft erscheinen könnten, d.h. sich nicht normentsprechend verhalten könnten. Bei Mädchen gab es häufiger Beschreibungen, dass das Kind scheu sei und von sich aus nicht auf andere Kinder zugehe – die Befürchtung war, dass sich ihr Kind in der Gruppe nicht durchsetzen und »untergehen« könne. Unliebsame Einflüsse anderer älterer Kinder wurden kaum befürchtet, die Eltern äußerten etwa, das sei normal, damit müsse man eben umgehen.
In der Regel hatten die Eltern nur sehr ungenaue Vorstellungen darüber, wie Kindergartenarbeit heute aussieht, kannten pädagogische Ansätze ebenso wenig wie den Ablauf eines Kindergartenalltages.

Dialog von Anfang an statt Austausch irgendwann

Unsere Befragung hat ergeben, dass sich der Austausch zwischen Erzieherinnen und Eltern zu den ausgewählten Themenkreisen, die auf Seite 74 aufgelistet sind, während der Eingewöhnungszeit allmählich zu Gunsten eines Dialoges zwischen Erzieherin und Eltern verändert. Insgesamt zeigt sich aber auch nach einem halben Jahr des Kindergartenbesuchs kein Bild eines engen Austausches von Informationen zwischen Eltern und Erzieherinnen.

Die positiven Erfahrungen in Einrichtungen, die mit ausführlicheren Aufnahmegesprächen arbeiten, bestätigen, dass ein Dialog von Beginn an wünschenswert ist. Bei einem engem Austausch schien die Zufriedenheit und die Sicherheit der Eltern größer zu sein. Besteht ein enger Austausch zwischen Eltern und Erzieherin, wurde die Qualität der Erzieherin am Verhalten gegenüber dem eigenen Kind gemessen (z. B. »sehr sensibel auf die Bedürfnisse meines Kindes eingegangen«), bei weniger engem Austausch flossen äußere Merkmale wie Besonderheit der Bastelarbeiten oder die Mühe, die Erzieherinnen z. B. in die Kostüme einer Aufführung investiert hatten, ein. Im Extremfall (sehr distanziertes Verhältnis zur Erzieherin) hieß es z. B. »kann ich nicht beurteilen«.

Aus den Elterninterviews haben wir erfahren, dass Einrichtungen nicht nur in unterschiedlicher Weise als »offen« oder »verschlossen« im Hinblick auf eine Einbeziehung der Eltern und auf Informationen über das Kind beschrieben werden. Eltern gehen von sich aus in sehr unterschiedlicher Weise auf Erzieherinnen zu. Ein »Dialog von Anfang an« würde mit Sicherheit die Hemmschwelle von Eltern senken, auch als problematisch erlebtes Verhalten des Kindes mit den Erzieherinnen zu besprechen.

Dass Eltern problematisches Verhalten des Kindes in der Einrichtung von sich aus seltener gegenüber der Erzieherin ansprachen, kann damit zusammenhängen, dass es für Eltern wichtig ist, dass »es (der Kindergartenbesuch) problemlos klappt«. Wenn der Abschied am Morgen nicht von Anfang an einfach ist, so wird das möglicherweise als Ausdruck des eigenen oder des kindlichen »Nichtfunktionierens« erlebt und nicht als Reaktionsform im Rahmen der Übergangsbewältigung.

⌂ Hinweise für die Kindergartenpraxis

Es gibt Eltern, die sich sehr offensiv um Informationen und Austausch bemühen und andere, die eine abwartende, fast ängstliche Haltung einnehmen: »Solange die Erzieherin nichts sagt, wird schon alles in Ordnung sein.« Eltern, die nur selten oder nie in Erscheinung treten, sind also möglicherweise nicht desinteressiert, sondern zurückhaltend oder gar ängstlich. Damit wird wieder die besondere Unterstützung angesprochen, die manche Eltern brauchen, um »Kindergarteneltern« zu werden. Der »Dialog von Anfang an« ist eine gute Methode, auch zurückhaltenden Eltern den Eintritt zu erleichtern.

In der Gesprächssituation in der sich neue Eltern und Erzieherin begegnen, müssen sich

Erzieherinnen immer über die unterschiedliche Perspektiven von Fachkraft und Eltern im Klaren sein. Die Eltern erleben diese Situation erstmalig und/oder einmalig, insbesondere dann, wenn es um ihr erstgeborenes oder einziges Kind geht. Was Eltern als Markierung in ihrer Familienentwicklung mit allen damit verknüpften Gefühlen erleben, ist für die Erzieherin jährlich wiederkehrende berufliche Routine. Im Gespräch muss die Erzieherin die Situation der Eltern und ihre emotionale Befindlichkeit verstehen und dieses Verständnis auch vermitteln.[49] Sie muss den Eltern aber gleichzeitig durch ihre berufliche Kompetenz und ihre Erfahrung zu verstehen geben, dass sie als pädagogische Fachkraft die Übergangsbewältigung aufmerksam begleitet und wenn nötig unterstützend handeln wird. So kann eine vertrauensvolle Zusammenarbeit entstehen, die es den Eltern allmählich ermöglicht, die Einmaligkeit ihrer Situation zu Gunsten einer Perspektive zurückzustellen, die die Gruppe ihres Kindes und letztlich die gesamte Einrichtung betrachtet: Aus Eltern werden Kindergarteneltern.

---

[49] Literatur zur Gesprächsführung im Kindergarten: Becker-Textor, 1994; Bröder, 1993; Eppel u. a., 1996; Leupold, 1995

Kapitel 7
Eintritt in den Kindergarten und Eintritt in die Schule: Ein Ausblick

Der zweite Übergang in der Kindergartenzeit betrifft den Wechsel in die Schule. Wiederum ist dies kein eng umgrenztes Ereignis, sondern ein Prozess, auf den sich Familien lange vorher vorbereiten und mit dem sie sich lange in die Schulzeit hinein auseinandersetzen.

> *»Ein Kindergartenkind wie ich ist schon ziemlich erwachsen. Nicht mehr so babyisch. Die kleinen Neuen sind so entsetzlich verweint. Die schreien immer Mama Mama. Ich mache das nicht mehr. Ich will in die Schule.« (Mädchen, 5; 4 Jahre)*

Es ist damit zu rechnen, dass die aktuelle bundesweite Diskussion um eine Flexibilisierung des Schuleintrittsalters und um die Durchlässigkeit von Elementar- und Primarbereich eine Vielzahl von Fragestellungen aufwerfen wird, die die Schulvorbereitung im Kindergarten betreffen. Wir erwarten eine verstärkte Diskussion um die Kooperation von Kindergarten, Elternhaus und Grundschule, wie sie z.B. in Bayern in den 1997 erschienenen Empfehlungen zur Umsetzung der Verordnung über die Rahmenpläne für anerkannte Kindergärten (4.DVBayKiG) in der Praxis des Bayerischen Staatsministeriums für Arbeit und Sozialordnung, Familie, Frauen und Gesundheit sowie in der Gemeinsamen Bekanntmachung des Bayerischen Kultusministeriums und des Bayerischen Staatsministeriums für Arbeit und Sozialordnung, Familie, Frauen und Gesundheit vom 29.06.1998 festgeschrieben wurde.

Aus Elterninterviews wissen wir, dass viele beim Eintritt ihres Kindes in den Kindergarten bereits an die Schule denken. Sie denken z.B. darüber nach, ob die Kinder heute im Kindergarten überhaupt noch das Stillsitzen lernen, denn »das brauchen sie ja für die Schule«. Gelegentlich müssen Erzieherinnen bei neuen Eltern die Vorstellung zurechtrücken, der Kindergarten diene alleine zur Vorbereitung auf die Schule. Vielmehr hat der Kindergarten einen eigenständigen Bildungsauftrag[50] und eine allerdings we-

---

[50] Becker-Textor, 1993

Auch der Übergang vom Kindergarten in die Schule bringt Entwicklungsanforderungen mit sich.

gangs zum Schulkind kann viel mehr getan werden. Diesen Übergang wollen wir hier kurz andeuten.[52]

- Die **Identität des Schulkindes** wird als äußerst bedeutungsvoll erlebt. Sie wird markiert vom Erwerb der sogenannten »Kulturtechniken« Rechnen sowie vor allem Lesen und Schreiben, mit denen die Sprache »sichtbar« wird. Diese Kenntnisse werden immer auch eine Voraussetzung zur Computer-Nutzung sein, die ebenfalls als Kulturtechnik selbstverständlich werden wird. Die Aufnahme in die Schule ist mit Ritualen gekennzeichnet, wovon die traditionelle Schultüte das bekannteste ist. Am Ende der Kindergartenzeit wird der Identitätswandel zum Schulkind durch spezielle Angebote für die Gruppe der Kinder, die in die Schule wechseln werden, vorbereitet.

- Der **Rollenwandel** wird an spezifischen Anforderungen an das Schulkind deutlich: Eine gewisse soziale und kognitive bzw. auch körperliche Entwicklung, wie sie z.B. vom schulärztlichen Dienst festgestellt wird, soll die erfolgreiche Beteiligung des Kindes an Formen schulischen Lernens gewährleisten. In Fragen der Schulbereitschaft sind die Erzieherinnen Expertinnen, da sie das Kind über einen

sentliche Funktion für die Vorbereitung zukünftigen Lernens.[51] Das, was der Kindergarten zur Erleichterung des Übergangs in die Schule leisten kann, ist daher weniger in der direkten Vorbereitung schulischen Lernens und schulischen Leistens zu suchen. Zur Vorbereitung der Bewältigung des Über-

---

[51] Textor, 1999

---

[52] Nähere Ausführungen dazu finden sich bei Griebel & Niesel, 1999 b

längeren Zeitraum im Vergleich mit den altersgleichen Kindern in der Entwicklung beobachten konnten.

- **Neue Beziehungen** entwickeln sich unter veränderten Rahmenbedingungen. Diese beziehen sich auf die zeitliche Einteilung des Schultags mit Schulstunden und Pausen und des Schuljahres mit seinen Ferien. Davon ist selbstverständlich wieder die ganze Familie betroffen, die die Arbeit in Familie und Erwerbstätigkeit mit Anforderungen der Schule vereinbaren muss. Zu den Rahmenbedingungen zählen auch die große Anzahl der Kinder in der Schule, die insgesamt eine größere Altersbandbreite repräsentieren, als sie die Kinder aus dem Kindergarten kennen. Freilich spielt es eine Rolle, ob die Schulanfänger bereits Schulkinder in ihrer Einrichtung oder aus einem Hort kennen gelernt haben. Schließlich sind die Ziele der Schule andere als die des Kindergartens, nämlich Vorrang von Wissenserwerb und von Leistungsanforderungen. Neu ist auch der Leistungsvergleich mit seinen Konsequenzen. Diese Rahmenbedingungen beeinflussen die Entwicklung von Beziehungen zu anderen Kindern und zu den Lehrerinnen und Lehrern. Zudem ist ein Verlust an Beziehungen zur alten Kindergartengruppe, zu Erzieherinnen und zur vertrauten Umgebung zu verarbeiten.

- Das **Hin- und Herpendeln des Kindes zwischen Familie und Schule** kann durch zusätzliche Betreuungs- und Fördersysteme wie dem Hort komplexer werden.

- Die **Auseinandersetzung mit starken Gefühlen,** mit Unterforderung oder Überforderung (Stress) des einzelnen Kindes betrifft die ganze Familie.

Bisherige Ansätze zur Erleichterung von Übergängen oder von Unterstützung von Kindern und Familien bei der Bewältigung von Übergängen sind vom Stresskonzept im engeren Sinne ausgegangen. Das heißt, man hat versucht, die Veränderungen möglichst wenig einschneidend und möglichst überschaubar für die Beteiligten zu halten. Diese Versuche hat man damit begründet, dass hinsichtlich der kindlichen Entwicklungsbedingungen die *Kontinuität weitestgehend gewahrt* werden sollte. So hat man Formen spielerischen, »kindergartentypischen« Lernens auch in der Schule einzusetzen versucht, die Gestaltung der Klassenzimmer verändert u.a.m.[53]

Dieser Ansatz wird aber der Bewältigung der Unterschiedlichkeit der Lebensumwelten in Familie und Schule nicht gerecht, wenn die Unterschiede nur überspielt werden. Fraglich ist auch, inwieweit Empfehlungen, über eine Angleichung der Situation im Kinder-

---

[53] Staatsinstitut für Frühpädagogik, 1985

Am Ende der Kindergartenzeit:
„Ich will ein Schulkind werden!"

garten und in den Eingangsklassen der Schulen für die Kinder Kontinuität in der Lebensumwelt zu sichern, erfolgreich umgesetzt worden sind. Nach einem erweiterten Konzept von Stress und Bewältigung[54] erscheint es aussichtsreicher, die Anforderungen so zu gestalten, dass sie für das Kind eine Herausforderung werden, von deren Bewältigung es einen Nutzen hat.

Bewältigungslernen als eine Basiskompetenz wird zunehmend wichtig für die Kinder

---

[54] Lazarus & Folkman, 1987

und damit auch als Bildungsziel im Kindergarten. Der Übergangsansatz hilft dabei, die Bereiche zu bestimmen, in denen Anforderungen beim Übergang wichtig werden.

Eine Auswirkung der Bewältigung des Übergangs von der Familie in den Kindergarten auf den nachfolgenden Übergang, nämlich in die Schule, wird angenommen.[55] Auch die Bewältigung des Übertritts in die Grundschule will vorbereitet und begleitet sein. Hier kommt dem Kindergarten in der Tat eine Schlüsselrolle zu.

---

[55] Rutter, 1987; Schmidt-Denter, 1985a

Literaturverzeichnis

Vorbemerkung zur Literaturliste: Die empirischen Studien, auf die wir uns im Text beziehen, sind hier vollständig genannt. Insofern wollen wir einen wissenschaftlichen Anspruch auf die Begründung unserer Darstellungen und Empfehlungen einlösen. Diejenige Literatur, die wir zur Lektüre empfehlen würden, weil sie weiterführend und auch leicht erhältlich ist, wurde im Druck hervorgehoben.

Ainsworth, M., Blehar, M., Waters, E. & Wall, S.: Patterns of attachment. A psychological study of the Strange Situation. Erlbaum, Hillsdale N.J. 1978

Becker-Textor, I.: Der Dialog mit den Eltern. Don Bosco, München 1994

Becker-Textor, I.: Unser Kind soll in den Kindergarten. Herder, Freiburg 1993

Berger, M.: Der Übergang von der Familie zum Kindergarten. Ernst Reinhardt, München 1986, 2. bearbeitete Aufl. 1997

Berger, M.: »Reif« für den Kindergarten? Bemerkenswertes zu einem fraglichen Begriff. In: Kindergarten heute 2 (1984), S. 68–71 (a)

Bethge, A.: Eintritt in den Kindergarten. In: Schüttler-Janikulla, K. (Hrsg.): Handbuch für ErzieherInnen in Krippe, Kindergarten, Vorschule und Hort. mvg-verlag, München 1999, 30. Lieferung. S. 1–12

Blurton Jones, N.G. & Leach, G.M.: Behaviour of children and their mothers at separation and greeting. In: Blurton Jones, N.G. (Ed.): Ethological studies of child behaviour. University Press,Cambridge 1972, S. 217–248

Bowlby, J.: Bindung. Kindler, München 1975

Bowlby, J.: Trennung. Kindler, München 1976

Bowlby, J.: Verlust. Kindler, München 1983

Bröder, M.: Gesprächsführung im Kindergarten. Herder, Freiburg 1993

Cowan, P.: Individual and family life transitions: A proposal for a new definition. In: Cowan, P. & Hetherington, M. (Eds.): Family transitions: Advances in family research. Vol.2. Lawrence Erlbaum, Hillsdale NJ 1991, S. 3–30

Cowan, P.A., Cowan, C.P., Schulz, M.S. & Heming, G.: Prebirth to preschool family factors in children's adaptation to kindergarten. In: Parke, R.D. & Kellam, S.G. (Eds.): Exploring family relationships with other social contexts. Lawrence Erlbaum, Hillsdale NJ 1994, Seite 75–114

Eppel, H., Hüttmeyer, S., Nuworden, I. u.a.: Mit Eltern partnerschaftlich arbeiten! Herder, Freiburg 1996

Erath, P.: Abschlussbericht Forschungsprojekt »Erprobung pädagogischer Methoden in der Tagesbetreuung von Kindern im Vorschulalter in altersgemischten Gruppen (0–6) unter besonderer Berücksichtigung der Forderungen der Rahmenpläne (Art. 4, 7 BayKiG bzw. 4. DV BayKiG) im Kinderhaus Sebastianstraße der Bürgerhilfe Ingolstadt e.V. 1992–1994«. 15.09.1994

Feldbaum, C.L., Christenson, T.E. & O'Neal, E.C.: An observational study of the assimilation of the newcomer to the preschool. In: Child Development 51 (1980), S. 497–507

Frey, D. & Haußer, K.: Entwicklungslinien sozialwissenschaftlicher Identitätsforschung. In: Frey, H.-P. & Haußer, K. (Hrsg.): Identität. Entwicklungen psychologischer und soziologischer Forschung. Enke, Stuttgart 1987, S. 3–26

Fthenakis, W.E.: Väter. Zur Entwicklung der Vater-Kind-Beziehung. dtv, München 1988

Fthenakis, W.E.: Übergangsmodelle zur kindgerechten Gestaltung der Beziehungen zwischen Eltern und Kindern in der Nachscheidungs-phase. In: Familie, Partnerschaft, Recht 4 (1995), S. 81–108 (a)

Fthenakis, W.E.: Familienentwicklung – Grundlagen anthropologischer und psychologischer Forschung. Familie leben. Patmos, Düsseldorf 1995 (b)

Fthenakis, W.E.: Ehescheidung als Übergangsphase (Transition) im Familienentwicklungsprozess. In: Perrez, M., Lambert, J.L., Ermert, C. & Plancherel, B. (Hrsg.): Familie im Wandel. Universitätsverlag, Fribourg 1995 (c)

Fthenakis, W.E.: Übergänge im individuellen und Familienentwicklungsprozess – Konsequenzen für Familienforschung und Kindererziehung. In: Bayerisches Staatsministerium für Arbeit und Sozialordnung, Familie, Frauen und Gesundheit (Hrsg.): Familienforum: Treffpunkt Familie (15.07. – 27.07.1996). Dokumentation München 1997

Fthenakis, W.E.: Ta panta rei: Familie im Wandel – Risiken und Chancen für Eltern und Kinder. In: Huber, H. (Hrsg.): Lebensraum Familie: Lebensweltliche Perspektiven. Auer, Donauwörth 1998, S. 12–55 (a)

Fthenakis, W.E.: Wie zeitgemäß ist unsere Erziehung? In: Frühe Kindheit 3 (1998) (c)

Griebel, W.: Gesellschaft im Wandel – Kinder müssen Übergänge bewältigen. In: Bildung, Erziehung, Betreuung von Kindern in Bayern.

Info-Dienst für Erzieherinnen, Kinderpflegerinnen und Sozialpädagogen 2 (1997), S. 9–13

Griebel, W. & Niesel, R.: Der Prozess des Übergangs – Der Eintritt des ersten Kindes einer Familie in den Kindergarten. In: Theorie und Praxis der Sozialpädagogik, 1996, (6), S. 334–337

Griebel, W. & Niesel, R.: Das Kind wird ein Kindergartenkind: Ein Übergang für die ganze Familie. In: Schüttler-Janikulla, K. (Hrsg.): Handbuch für ErzieherInnen in Krippe, Kindergarten, Vorschule und Hort. mvg-verlag, München 1998, 28. Lieferung, S. 1–14 (a)

Griebel, W. & Niesel, R.: Der Übergang von der Familie in den Kindergarten: Unterstützung von Kindern und Eltern. In: Bildung, Erziehung, Betreuung von Kindern in Bayern. Info-Dienst für Erzieherinnen, Kinderpflegerinnen und Sozialpädagogen, 1 (3), 1998, S. 4–9 (b)

Griebel, W. & Niesel, R.: Breite Altersmischung – Befunde aus neuen Untersuchungen. In: Schüttler-Janikulla, K. (Hrsg.): Handbuch für ErzieherInnen in Krippe, Kindergarten, Vorschule und Hort. mvg-verlag, München 1999, 30. Lieferung. (a)

Griebel, W. & Niesel, R.: Vom Kindergarten in die Schule: Ein Übergang für die ganze Familie. In: Bildung, Erziehung, Betreuung von Kindern in Bayern. Info-Dienst für Erzieherinnen, Kinderpflegerinnen und Sozialpädagogen 4 (1999) (b)

Griebel, W. & Niesel, R.: Der Eintritt des ersten Kindes in den Kindergarten. Ein Übergang für das Kind und seine Eltern. In: Fthenakis, W.E., Eckert, M. & v.Block, M. im Auftrag des Deutschen Familienverbandes e.V. (Hrsg.): Handbuch Elternbildung. Band 2: Wissenswertes im zweiten bis vierten Lebensjahr des Kindes. Leske & Budrich, Opladen 1999, S. 253–266 (c)

Großmann, H., Griebel, W. & Minsel, B.: Altersmischung in verschiedenen Bundesländern: Voraussetzungen und Erfahrungen. In: Sturzbecher, D. (Hrsg.): Kindertagesbetreuung in Deutschland – Bilanzen und Perspektiven. Ein Beitrag zur Qualitätsdiskussion. Lambertus, Freiburg 1998, S. 142–167

Gürtler, H.: Das lernt mein Kind im Kindergarten. Südwest, München 1994

Haefele, B. & Wolf-Filsinger, M.: Der Kindergarten-Eintritt und seine Folgen – eine Pilotstudie. In: Psychologie in Erziehung und Unterricht 33 (1986), S. 99–107

Haefele, B. & Wolf-Filsinger, M.: Aller Kindergarten-Anfang ist schwer. Hilfen für Eltern und Erzieher. Don Bosco, München 1994 (5. Aufl.)

Hédervári, É.: Bindung und Trennung. Frühkindliche Bewältigungsstrategien bei kurzen Trennungen von der Mutter. Deutscher Universitäts-Verlag, Wiesbaden 1995

Kasten, H.: Entwicklung und Erprobung eines Altruismus-Beobachtungssystems. In: Gruppendynamik 11 (1980), S. 17–24

Krauß, G. & Zauter, S.: Netz für Kinder. Neue Wege der Kindertagesbetreuung. ISKA Arbeitsberichte Nr. 31. Institut für soziale und kulturelle Arbeit, Nürnberg 1997

Laewen, H.-J.: Zum Verhalten und Wohlbefinden von Krippenkindern. In: Psychologie in Erziehung und Unterricht 41 (1994), S. 1–13

Laewen, H.-J., Andres, B. & Hédervári, É.: Ohne Eltern geht es nicht. Die Eingewöhnung von Kindern in Krippen und Tagespflegestellen. FIPP Verlag, Berlin 1990

Lazarus, R. S. & Folkman, S.: Stress appraisal and coping. Springer, New York 1987

Longardt, W.(Hrsg.): Wenn die Neuen kommen. Erfahrungen und Hilfestellungen zum Kindergartenanfang. Gütersloher Verlagshaus, Gütersloh 1985

McGrew, W.C.: An ethological study of children's behavior. Academic Press, New York 1972 (a)

McGrew, W.C.: Aspects of social development in nursery school children with emphasis on introduction to the group. In: Jones, N.B. (Ed.): Ethological studies of child behaviour. Cambridge 1972, S. 129–156 (b)

Minsel, B.: Modellversuch Weiterentwicklung von Kindertageseinrichtungen. Abschlussbericht. Staatsinstitut für Frühpädagogik, München 1996

Niesel, R. & Griebel, W.: Der Übergang von der Familie in den Kindergarten. Ergebnisse einer Befragung von Erzieherinnen, aus Elterninterviews und aus themenzentrierten Kindergesprächen. IFP-Berichte 4/1997. Staatsinstitut für Frühpädagogik, München 1997

Niesel, R. & Griebel, W.: Der Übergang von der Familie in den Kindergarten: Unterstützung von Kindern und Eltern. In: Bildung, Erziehung, Betreuung von Kindern in Bayern. Info-Dienst für Erzieherinnen, Kinderpflegerinnen und Sozialpädagogen 1 (3), 1998, S. 4–9 (a)

Niesel, R. & Griebel, W.: Keine Angst vor Abschieden. Der Kindergarteneintritt als Übergang im Leben des Kindes. In: Kindergarten heute, 7–8, 1998, S. 6–11 (b)

Nunner-Winkler, G.: Identität und Individualität. In: Soziale Welt 36 (1985), S. 466–481

Peery, J.C. & Aoki, E.Y.: Leave-taking behavior between preschool children and their parents. In: Journal of Genetic Psychology 140 (1982), S. 71–81

Peukert, U.: Aus der Familie in den Kindergarten. Der Übergang – eine Entwicklungsaufgabe für Kind und Familie. In: Welt des Kindes 59 (1981), S. 179–187

109

Literaturverzeichnis

Rutter, Sir M.: Psychosocial resilience and protective factors. In: American Journal of Orthopsychiatry 57 (1987), S. 316–332

Schmidt-Denter, U.: Kontaktinitiativen von Vorschulkindern und ihre soziale Bedeutung. In: Nickel, H. (Hrsg.): Sozialisation im Vorschulalter. Trends und Ergebnisse institutioneller Erziehung. VCH Verlagsgesellschaft, Weinheim 1985, S. 47–68 (a)

Schmidt-Denter, U.: Kurz- und langfristige Anpassungsprozesse in vorschulischen Einrichtungen und ihre Konsequenzen für die erzieherische Praxis. In: Nickel, H. (Hrsg.): Sozialisation im Vorschulalter. Trends und Ergebnisse institutioneller Erziehung.: VCH Verlagsgesellschaft, Weinheim 1985, S. 151–162 (b)

Söntgerath, A.: Die Macht der Bilder lässt ein Projekt entstehen… In: Andres, B. & Laewen, H.-J. (Hrsg.): Ich verstehe jetzt besser, was ich tue… Erfahrungen mit einem Eingewöhnungsmodell. INFANS Kleine Fachreihe zur Frühsozialisation. Fipp-Verlag, Berlin 1993, S. 29–89

Staatsinstitut für Frühpädagogik (Hrsg.): Vom Kindergarten zur Schule. Erprobte Wege der Zusammenarbeit von Erziehern und Lehrern. Herder, Freiburg 1985

Strätz, R.: Die Kindergartengruppe. Soziales Verhalten drei- bis fünfjähriger Kinder. Kohlhammer, Stuttgart 1986

Strätz, R. & Schmidt, E.A.F.: Die Wahrnehmung sozialer Beziehungen im Kindergarten. Kohlhammer, Köln 1982

Suess, G.J.: Auswirkungen frühkindlicher Bindungserfahrungen auf die Kompetenz im Kindergarten. Dissertation Universität Regensburg 1987

Suess, G.J.: Entwicklungspsychologische Bindungstheorie: Beiträge für die Erziehungsberatung. In: Dillig, P. & Schilling, H. (Hrsg.): Erziehung in der Postmoderne. Matthias-Grünewald-Verlag, Mainz 1996

Suess, G.J. & Pfeifer, W.-K.P.: Frühe Hilfen. Anwendung von Bindungs- und Kleinkindforschung in Erziehung, Beratung, Therapie und Vorbeugung. Psychosozial-Verlag, Gießen 1999

Textor, M.R.: Kindergarten – das Tor zur Bildung. Die nächste Generation auf die Wissensgesellschaft vorbereiten. In: Welt des Kindes 77 (1999), S. 28–31

Ulich, M.: Risiko- und Schutzfaktoren in der Entwicklung von Kindern und Jugendlichen. In: Zeitschrift für Entwicklungspsychologe und Pädagogische Psychologie 2 (1988), S. 146–166

van Gennep, A.: Übergangsriten (Les rites de passage). Campus, Frankfurt 1999

Welzer, H.: Transitionen. Zur Sozialpsychologie biographischer Wandlungsprozesse. edition discord, Tübingen 1993

***Wicki, W.:* Übergänge im Leben der Familie. Hans Huber, Bern 1997**

Wolf-Filsinger, M.: Analyse des Übergangs von der Familie zu Kindergarten vor dem Hintergrund eines stresstheoretischen Ansatzes – Störungs- und Anpassungsreaktionen als Antwort auf den Kindergarteneintritt. Diplomarbeit Universität Mannheim 1984 (zit. nach Schmidt-Denter, 1985)

***Wolfram, W.-W.:* Dreijährige im Kindergarten. In: KiTa aktuell 7/8 (1997), S. 157–160**

***Zimmermann, P., Suess, G.J., Scheuerer-Englisch, H. & Grossmann, K.E.:* Bindungsforschung. Bindung und Anpassung von der frühen Kindheit bis zum Jugendalter: Ergebnisse der Bielefelder und der Regensburger Längsschnittstudie. In: Kindheit und Entwicklung 8 (1999), S. 36–48**

Innovative pädagogische Konzepte und modernes Sozialmanagement im Hort

222 Seiten, zahlreiche Fotos und Grafiken, kartoniert, ISBN 3-7698-1135-6

Gabriele Schratt
Hort hat Zukunft
Pädagogische Konzepte und sozialwirtschaftliche Herausforderungen

Ausgehend von kindlichen Bedürfnissen und Interessenlagen stellt die Autorin pädagogische Konzepte für die Arbeit im Hort vor wie beispielsweise der Umgang mit Armut, Drogen und Missbrauch oder auch Multimediaprojekte. Zusätzlich werden sozialwirtschaftliche Aspekte wie Teamarbeit, Elternkooperation, Dienstleistungsorientierung, Öffentlichkeitsarbeit und Sozial-Sponsoring thematisiert. Sie helfen, die eigene Arbeit zu professionalisieren, die Einrichtung Hort kompetent zu managen und sie als qualifizierte Betreuungsform für Kinder stärker zu etablieren.

Neue Perspektiven für die Elternarbeit

Frank Jansen / Peter Wenzel
Von der Elternarbeit zur Kundenpflege
Kindertageseinrichtungen auf dem Weg
zu Dienstleistungsunternehmen

Sinkende Kinderzahlen und zunehmender
Wettbewerb zwischen den Kindertageseinrichtungen legen ein neues Verständnis von
Kindertagesbetreuung als Dienstleistung
für Familien nahe.
Eltern und Kinder als Kunden? Die Autoren
zeigen, wie dieser Perspektivenwechsel in
der Elternarbeit in die Tat umzusetzen ist:
Kundenfreundliche Angebote und Interaktionen, überzeugende Kommunikations-
strategien, Beschwerdemanagement und
andere neue Formen der Elternkooperation
bringen Erzieherinnen mehr Unterstützung, Anerkennung und Erfolg.

84 Seiten, s/w-Fotos und Grafiken,
kartoniert, ISBN 3-7698-1141-0

Kinder brauchen Vertrauen

180 Seiten, s/w-Fotos,
kartoniert, ISBN 3-7698-1167-4

Maria Caiati
Vertrauen lernen
Erfahrungen und Forderungen
für den Alltag im Kindergarten

Kinder brauchen Vertrauen, damit in ihnen
Selbstvertrauen wachsen kann, sie ihre Fähigkeiten weiterentwickeln können und zugleich Vertrauen zu anderen fassen. Erzieherinnen können entscheidend dazu beitra-
gen, indem sie eine Atmosphäre schaffen, die
Kindern genügend Raum lässt um sich frei
zu spielen und neugierig und mutig die Welt
zu ergründen.

Welche praktischen Konsequenzen diese
Haltung im Kindergarten hat, zeigt die Autorin anhand von Überlegungen zu Identität, Rollenverständnis und Interaktionsver-
halten der Erzieherin und liefert dazu zahlreiche Beispiele.